CAHIER PERSONNEL D'APPRENTISSAGE

J. Pécheur / J. Girardet

Crédits photographiques
p. 2 couverture : © robert – Fotolia.com/ © Frog 974 – Fotolia.com/ © mtkang – Fotolia.com/ © jan37 – Fotolia.com ; main : © vasabii. **p. 16 :** Ph. © STEVENS FREMONT. – **p. 24 :** Ph. © Keystones/EYEDEA. – **p. 25 :** Ph. © Daniel Frasnay © AKG. – **p. 58 :** Nicolas de Staël, *Le Concert*, mars 1955, musée Picasso, Antibes / Ph. © Claude Germain ImagesArt, Antibes © Adagp, Paris 2008. – **p. 69 :** © TCD/ BOUTEILLER/Tapioca Productions/DR – **p. 70 :** © ANDIA PRESSE/Alpaca/Piel – **p. 72 :** © SUCRE SALE/P. Hussenot – **p. 76 :** © ROGER-VIOLLET/P. Ullmann – **p. 79 :** © OREDIA/AJ Photo – **p. 80 :** © RUE DE S ARCHIVES/Coll. CST – **p. 83 :** © AFP/J. Robine – **p. 86 :** © Fotolia/Eleonore H. – **p. 93 :** © AFP/A. Zieminsky.

N° de projet : 10222015 - Dépôt légal : novembre 2014
Achevé d'imprimer en janvier 2016 en Italie par Grafica Veneta - Trebaseleghe

Direction éditoriale : Béatrice Rego
Édition : Isabelle Walther
Conception et réalisation : Nada Abaïdia / Valérie Klein, Domino
Recherche iconographique : Nathalie Lasserre

ISBN : 978-2-09-038597-7

Sommaire

N.B. **00** Les activités d'écoute sont signalées avec le numéro de la piste d'enregistrement sur le CD.

Unité 1

Leçon 1

Que s'est-il passé ?

Vous allez apprendre à :

- ☑ raconter un événement et le situer dans le temps
- ☑ lire de brefs articles de presse
- ☑ utiliser les constructions à sens passif

Travail avec les pages Interactions

Vocabulaire

- • attentat (n.m.) ....
- avalanche (n.f.) ....
- bombe (n.f.) ....
- canicule (n.f.) ....
- catastrophe (n.f.) ....
- cérémonie (n.f.) ....
- chef d'œuvre (n.m.) ....
- citoyen (n.m.) ....
- cyclone (n.m.) ....
- décalage (horaire) (n.m.) ....
- décennie (n.f.) ....
- décès (n.m.) ....
- destruction (n.f.) ....
- dirigeant (n.m.) ....
- discours (n.m.) ....
- éruption volcanique (n.f.) ....
- explosion (n.f.) ....
- fiancé (n.m.) ....
- glissement (n.m.) ....
- médaille (n.f) ....
- millénaire (n.m.) ....
- orage (n.m.) ....
- orfèvre (n.m.) ....
- origine (n.f.) ....
- paix (n.f.) ....
- passage (n.m.) ....
- peuple (n.m.) ....
- surprise (n.f) ....
- tempête (n.f.) ....
- réacteur (n.m.) ....
- record (n.m.) ....
- tremblement de terre (n.m.) ....
- victime (n.f.) ....
- volcan (n.m.) ....
- • accidentel (adj.) ....
- actuel (adj.) ....
- antique (adj.) ....
- endommagé (adj.) ....
- excessif (adj.) ....
- gigantesque (adj.) ....
- natal (adj.) ....
- terrible (adj.) ....
- • adopter (v.) ....
- adresser (s') (v.) ....
- considérer (v.) ....
- contaminer (v.) ....
- déplacer (v.) ....
- détruire (v.) ....
- écraser (s') (v ;) ....
- embraser (v.) ....
- exploser (v.) ....
- illuminer (v.) ....
- justifier (v.) ....
- noyer (se) (v.) ....
- poursuivre (v.) ....
- subsister (v.) ....
- supprimer (v.) ....
- trembler (v.) ....
- tuer (v.) ....

1. Du verbe au nom. Trouvez le nom correspondant au verbe et classez-le dans le tableau.

Suffixe *-(e)ment*	Suffixe *-tion*	Suffixe *-sion*	Suffixe *-ade*	Autres cas

adhérer – contaminer – décider – dévaster – exploser – justifier – poursuivre – promener (se) – trembler – adopter – détruire – déplacer – embraser – illuminer – noyer – préciser – supprimer

2. Transformez les titres des pages 10 et 11 sans utiliser de verbe.

a. Le passage à l'an 2000 a été fêté dans le monde entier.

→

b. Le franc est remplacé par l'euro.

→

c. La coupe du monde a été gagnée par la France.

→

d. La France dit non à la guerre.

→

e. Les JO se sont terminés hier.

→

f. L'explosion des réacteurs a contaminé la région.

→

g. La banlieue parisienne s'est embrasée.

→

3. Relisez les informations des pages 10 et 11. Relevez les mots qui appartiennent au thème de la guerre.

a. Noms : **une déclaration de guerre** –

b. Verbes :

c. Adjectifs :

4. Éliminez l'intrus.

a. une tempête – un tsunami – un embrasement – une inondation.
b. un attentat – une défaite – une explosion – une bombe.
c. une éruption – un mort – un blessé – une victime.
d. une destruction – un incendie – une bagarre – une démolition.
e. le changement – la suppression – le remplacement – la récréation.

5. Les emplois figurés. Complétez avec un mot de la liste.

une avalanche – une bombe – inondé – l'orage – une tempête.

a. Depuis quelque temps, ma messagerie est .... de spams.

b. Le film est très mauvais. Dans la presse, il a eu droit à .... de critiques.

c. Quand Estelle a annoncé à ses parents qu'elle allait se marier avec Hubert, la nouvelle a fait l'effet d' ....

d. La pièce s'est terminée sous .... d'applaudissements..

e. La petite Claudia a rapporté des mauvaises notes. À la maison, il y a de .... dans l'air.

Travail avec les pages Ressources

Vocabulaire

- grue (n.f.) ……
veille (n.f.) ……
- précédent (adj.) ……
suivant (adj.) ……
- reproduire (v.) ……

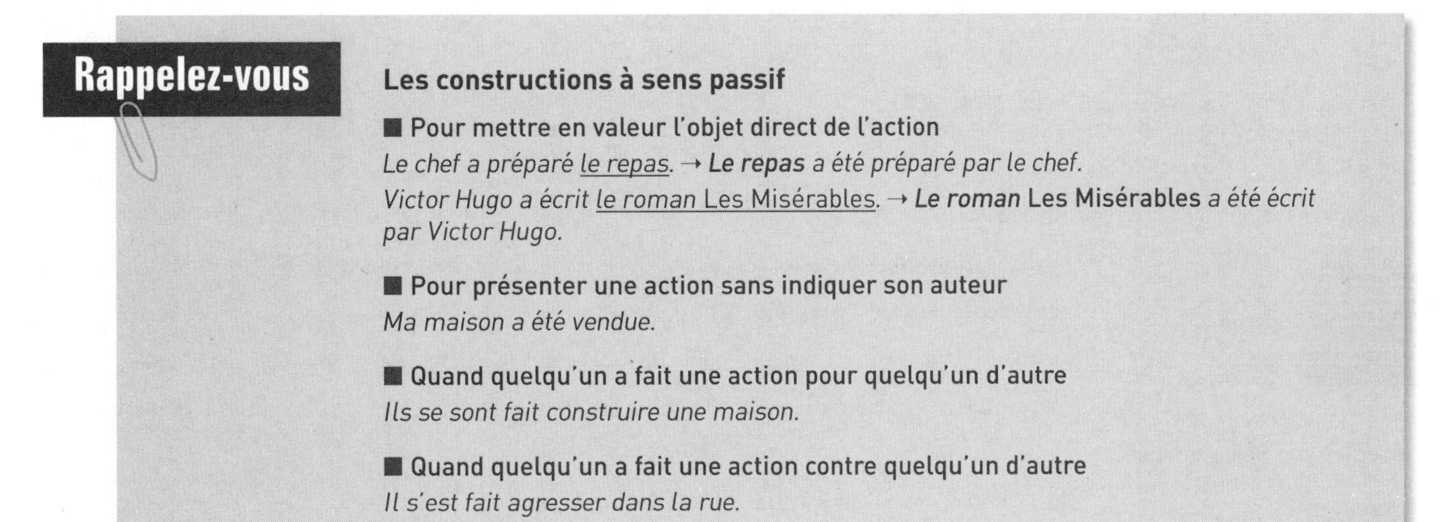

Rappelez-vous

Les constructions à sens passif

■ **Pour mettre en valeur l'objet direct de l'action**
*Le chef a préparé le repas. → **Le repas** a été préparé par le chef.*
Victor Hugo a écrit le roman Les Misérables*. → **Le roman** Les Misérables *a été écrit par Victor Hugo.*

■ **Pour présenter une action sans indiquer son auteur**
Ma maison a été vendue.

■ **Quand quelqu'un a fait une action pour quelqu'un d'autre**
Ils se sont fait construire une maison.

■ **Quand quelqu'un a fait une action contre quelqu'un d'autre**
Il s'est fait agresser dans la rue.

1. Mettez les mots soulignés en début de phrase.
À l'école hôtelière

a. Le chef a imaginé le menu. → **Le menu a été imaginé par le chef.**

b. Les élèves de l'école ont préparé le repas.
→ ……

c. Un pâtissier italien a élaboré les desserts.
→ ……

d. Les élèves de l'école servent le repas.
→ ……

e. On apprécie les plats inspirés de la cuisine du Maghreb.
→ ……

f. Les invités applaudiront toute l'équipe.
→ ……

2. Reformulez les phrases suivantes en utilisant la forme « *se faire* + verbe » et en commençant par le mot souligné.

Vacances ratées

a. Sur la route, la police nous a arrêtés. → **Nous nous sommes fait arrêter par la police.**

b. Au camping, le voisin a agressé Pierre.

→ ....

c. On m'a volé ma carte bancaire.

→ ....

d. Heureusement, un ami nous a prêté de l'argent.

→ ....

e. Au retour, la voiture est tombée en panne. Un chauffeur de camion nous a conduits au village voisin.

→ ....

3. Plan de tournage : précisez le moment. Complétez. Aidez-vous du tableau du livre page 13.

Un metteur en scène raconte la préparation de son film.

Nous avons fait la **dernière répétition** le 14 avril.

La ...., nous avons répété et ...., il a fait les essais de costumes.

......................, il est passé au studio pour les essais d'armes.

La ...., nous avions fait une semaine de lecture du scénario à la table avec tous les comédiens.

......................, je pars à Berlin rencontrer les coproducteurs et ...., je serai à Prague pour le choix des extérieurs.

......................, je partirai à Vienne. J'y resterai jusqu'à la fin de ....

Je rentre à Paris ....

AVRIL	
1	
2	lecture du scénario
3	
4	
5	
6	
7	
8	
9	essais d'armes
10	
11	
12	essais de costumes
13	répétition
14	dernière répétition
15	départ Berlin

AVRIL	
16	Prague
17	Vienne
18	
19	
20	
21	
22	
23	
24	retour à Paris
25	
26	
27	
28	
29	
30	

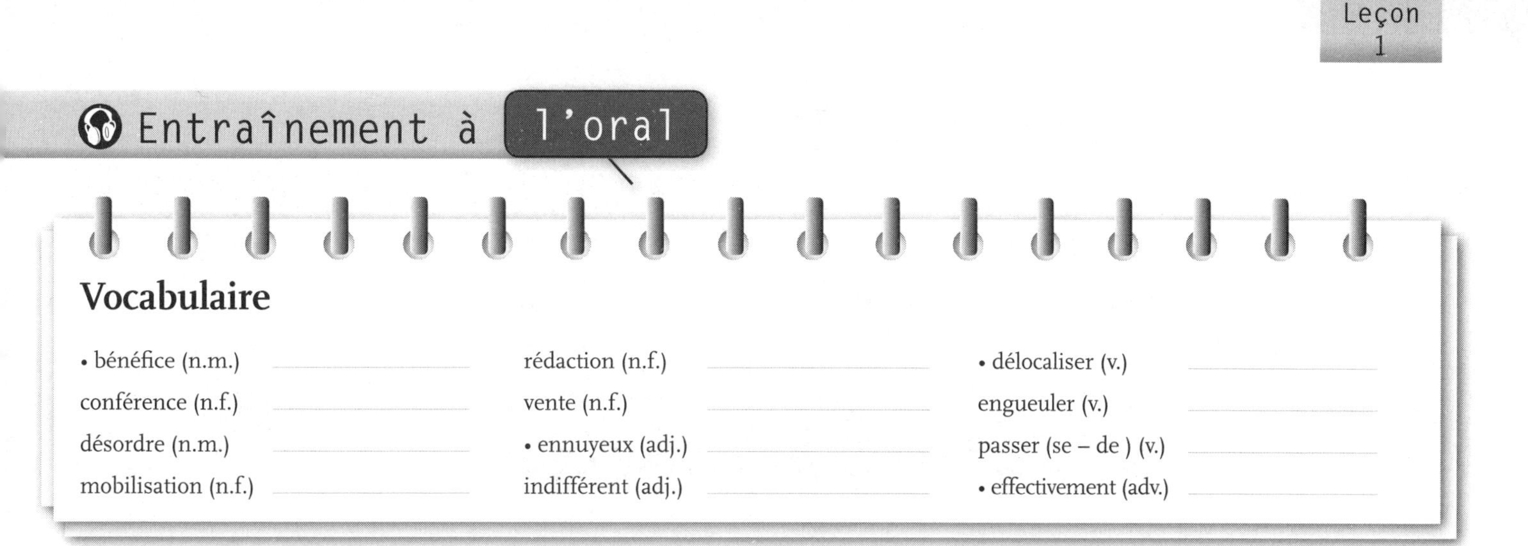

Vocabulaire

• bénéfice (n.m.)	rédaction (n.f.)	• délocaliser (v.)
conférence (n.f.)	vente (n.f.)	engueuler (v.)
désordre (n.m.)	• ennuyeux (adj.)	passer (se – de) (v.)
mobilisation (n.f.)	indifférent (adj.)	• effectivement (adv.)

Prononcez

1. 1 Un fait divers : écoutez et notez les mots contenant les sons [k] et [g].

	[k]	[g]
a.		
b.		
c.		
d.		
e.		
f.		
g.		
h.		

Vérifiez

2. Avez-vous bien compris le dialogue ? Répondez aux questions.

a. Qui est Zoé Duquesne ?

b. Où travaille-t-elle ?

c. Est-ce qu'elle est aimée par ses collègues ?

d. Dans la scène 2, qu'est-ce qu'elle propose comme sujet de dossier à la rédaction ?

e. Quel est le problème de l'entreprise Fibrasport ?

f. Dans la scène 4, qui Zoé rencontre-t-elle devant l'usine ?

Parlez

3. 2 Transformez ces titres de presse comme dans l'exemple.

a. **L'Italie a gagné la Coupe du Monde de football.**

→ La Coupe du monde de football a été gagnée par l'Italie.

b. **19 millions de spectateurs ont vu le film « Bienvenue chez les Ch'tis ».**

→

c. **Le maire de Paris a inauguré la ligne de tramway.**

→

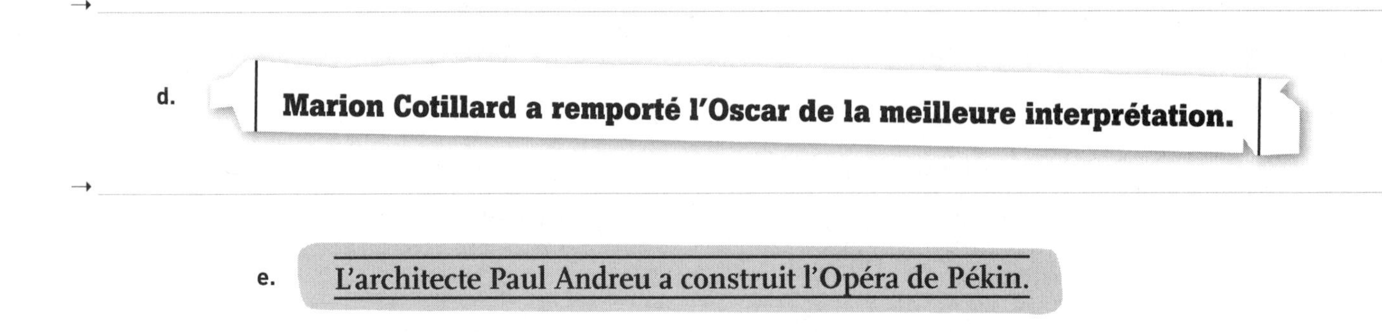

→

→

4. 3 Répondez comme dans l'exemple.

a. On a nommé un nouveau directeur ? → **Oui, il a été nommé.**

b. On a voté le budget ? →

c. On a choisi le nouveau modèle ? →

d. On a fait les travaux ? →

e. On a retrouvé les plans ? →

f. On vous a nommé chef de service ? →

Pages Écrits et Civilisation

Vocabulaire

- assassinat (n.m.)
aube (n.f.)
auteur (n.m.)
bagarre (n.f.)
cagoule (n.f.)
crâne (n.m.)
crime (n.m.)
délit (n.m.)
ébriété (n.f.)
enlèvement (n.m.)
façon (n.f.)
fait divers (n.m.)
fusil (n.m.)
impression (n.f.)
intermédiaire (n.m.)
loup (n.m.)
mirabelle (n.f.)
mouton (n.m.)
noyade (n.f.)
ombre (n.f.)
pistolet (n.m.)
propos (n.m.)
résurrection (n.f.)
revolver (n.m.)
séquence (n.f.)
sifflet (n.m.)
témoin (n.m.)
tribunal (n.m.)
troupeau (n.m.)

- ridicule (adj.)

- assassiner (v.)
attaquer (v.)
braquer (v.)
brûler (v.)
célébrer (v.)
circuler (v.)
dérober (v.)
échapper (s') (v.)
éclater (v.)
emparer (s') (v.)
empoisonner (v.)
entraîner (v.)
exagérer (v.)
ignorer (v.)
interpeller (v.)
kidnapper (v.)
mordre (v.)
ravager(v.)

- aux alentours de
grièvement
vraisemblablement

1. Reliez le délit et son auteur.

a. voler une voiture
b. enlever quelqu'un pour toucher une rançon
c. faire exploser une bombe dans un lieu public
d. mettre le feu à une forêt
e. tuer par jalousie
f. tuer quelqu'un pour le voler
g. entrer dans une maison par la fenêtre pour voler ce qui est à l'intérieur
h. transmettre un document secret à un autre pays

1. un assassin
2. un cambrioleur
3. un espion
4. un kidnappeur
5. un meurtrier
6. un pyromane (un incendiaire)
7. un terroriste
8. un voleur

2. Les faits divers. Lisez ces faits divers et complétez le tableau.

	A	B	C
Types d'événements	fusillade		
Date			
Lieu			
Conséquences			

A

Une fusillade a eu lieu hier, peu après 5 h du matin, devant le Plazza Madeleine, une boîte de nuit située boulevard de la Madeleine à Paris. « Des personnes ont appelé la police », a raconté un témoin et « dès que les policiers sont arrivés, ils se sont fait tirer dessus, des tirs nourris ». Un policier a alors répliqué. Au cours de la fusillade, une femme a été blessée. Les malfaiteurs se sont enfuis à bord d'un véhicule.

Midi Libre, 13/08/2007.

B

De nombreux objets d'art de grande valeur, dont des pendules et des statues en bronze estimées à quelque 170 000 €, ont été dérobés lundi dans un château de Saône-et-Loire.

Midi Libre, 13/08/2007.

C

Un homme de 22 ans a été mis en examen hier pour avoir fauché et blessé quatre cyclistes, dont deux grièvement, à Lyon dans la nuit de vendredi à samedi, alors qu'il conduisait avec un fort taux d'alcoolémie. Les quatre victimes, originaires de Perpignan et de Toulouse, faisaient leurs études à Lyon et avaient loué des vélos en libre-service. Ils circulaient à contresens pour éviter des travaux sur un boulevard.

Midi Libre, 13/08/2007.

3. Du verbe au nom. Complétez les expressions en utilisant un nom dérivé du verbe.

a. demander → formuler **une demande**

b. indiquer → donner des ....

c. raconter → faire un .... de l'événement

d. constater → faire un .... d'accident

e. soupçonner → avoir des .... sur l'honnêteté de quelqu'un

4. Analysez le sondage de la page 17.

a. À quels médias les Français font-ils le plus confiance ? ....

b. À quels médias les Français font-ils le moins confiance ? ....

c. Pour les Français, la télévision montre-t-elle réellement les choses comme elles se sont passées ? ....

d. Quel est le média le moins bien connu des Français ? ....

5. Info et média : relisez les témoignages du forum de la page 17 et répondez aux questions.

a. Quelles sont les caractéristiques des sources d'information aujourd'hui ?

....

b. Quel est le média qui apporte le plus d'explications ?

....

c. Que reproche-t-on aux informations présentées à la télévision ?

....

d. Que reproche-t-on aux présentateurs et présentatrices de télévision ?

....

Vous y croyez ?

Vous allez apprendre à :

- ☑ exprimer la certitude et le doute, le possible et l'impossible
- ☑ décrire un lieu touristique, un objet d'art
- ☑ utiliser les constructions impersonnelles

Travail avec les pages Interactions

Vocabulaire

- • bonheur (n.m.) ....
- boule (n.f.) ....
- cachette (n.f.) ....
- caméra (n.f.) ....
- cime (n.f.) ....
- crotte (n.f.) ....
- croyance (n.f.) ....
- échelle (n.f.) ....
- écran (n.m.) ....
- effet (n.m.) ....
- épave (n.f.) ....
- étoile filante (n.f.) ....
- existence (n.f.) ....
- fantôme (n.m.) ....
- geste (n.m.) ....
- horoscope (n.m.) ....
- lapin (n.m.) ....
- malédiction (n.f.) ....
- manuscrit (n.m.) ....
- parapluie (n.m.) ....
- patte (n.f.) ....
- phénomène (n.m.) ....
- poignet (n.m.) ....
- porte-bonheur (n.m.) ....
- relax (n.m.) ....
- reprise (n.f.) ....
- salière (n.f.) ....
- silhouette (n.f.) ....
- surveillance (n.f.) ....
- terrasse (n.f.) ....
- théorie (n.f.) ....
- tournage (n.m.) ....
- trèfle (n.m.) ....
- tromperie (n.f.) ....
- végétal (n.m.) ....
- virage (n.m.) ....
- • étrange (adj.) ....
- humain (adj.) ....
- incroyable (adj.) ....
- lumineux (adj.) ....
- superstitieux (adj.) ....
- transparent (adj.) ....
- vertigineux (adj.) ....
- • apercevoir (v.) ....
- bousculer (v.) ....
- charger (v.) ....
- confronter (v.) ....
- décéder (v.) ....
- disparaître (v.) ....
- tromper (v.) ....
- • bord (à – de) ....
- cours (au – de) ....
- tantôt ....

1. Secrets et mystères. Complétez avec un mot de la liste.

un phénomène – un mystère – un secret – étrange – superstitieux.

a. Dans toutes les familles, il y a ....

b. Cet enfant est .... Il a passé le bac à 12 ans.

c. Pendant toute la soirée, Sébastien n'a pas ouvert la bouche. J'ai trouvé ça ....

d. On n'a pas encore découvert les meurtriers du couple de touristes étrangers dans la forêt de Fontainebleau. Cette affaire reste entourée de beaucoup de ....

e. Il ne prend jamais de décision le 13 de chaque mois. Il est ....

2. **Trouvez le contraire. Associez.**

a. **étrange**	**1.** courant
b. mystérieux	**2.** visible
c. insolite	**3.** **banal**
d. invisible	**4.** fréquent
e. rare	**5.** apparent
f. normal	**6.** ordinaire
g. extraordinaire	**7.** évident
h. secret	**8.** anormal

3. **Caractérisez à l'aide des adjectifs de l'exercice 2.**

a. Une histoire sans originalité → **banale**

b. Un trajet qu'on fait plusieurs fois par jour → ……………………

c. Un fait inexpliqué → ……………………

d. Un faits divers très original → ……………………

e. Un bruit qu'on ne peut pas identifier → ……………………

f. Une solution facile à trouver → ……………………

g. Une personne qui parle peu → ……………………

4. **Les superstitions. Que dit le superstitieux dans les situations suivantes ? Associez.**

a. Il brise un miroir. → ……………

b. Il est invité à un repas de treize personnes. → ……………

c. Il voit une étoile filante. → ……………

d. Il espère que son projet réussira. → ……………

e. Il pose son pied gauche sur une crotte de chien. → ……………

1. « Pourvu que ça marche ! Je croise les doigts et je touche du bois. »
2. « Je fais un vœu ! »
3. « Sept morceaux... Sept années de malheur... »
4. « Ah ! Non. Dans ce cas, je ne viens pas. »
5. « Eh bien, je commence la journée du bon pied ! »

5. **Avec les mots... méfiez-vous des apparences. Trouvez les mots qui se prononcent comme les mots suivants :**

a. aile et **elle**

b. tente et ……………………

c. pâte et ……………………

d. bal et ……………………

e. cent et ……………………

f. seau et ……………………

g. cuir et ……………………

h. tâche et ……………………

Travail avec les pages Ressources

Vocabulaire

• certitude (n.f.)	probable (adj.)	risquer (v.)
écriture (n.f.)	• avoir l'air (v.)	sembler (v.)
plaisanterie (n.f.)	douter (v.)	
• fier (adj.)	rêver (v.)	

1. Mettre en valeur ses opinions. Reliez.

À propos d'un chef d'entreprise

a. Son ambition est sans limite. C'est possible.

→ **Il est possible que son ambition soit sans limite.**

b. Son honnêteté laisse à désirer. Il se peut.

→

c. Sa générosité est très spontanée ; je ne suis pas sûr.

→

d. Ses promesses sont sans lendemain. C'est possible.

→

e. Son comportement devrait changer. C'est sûr.

→

2. Mettez les verbes à la forme qui convient.

Dans un cocktail

• On dirait l'écrivain qui a eu le prix Goncourt.

– Tu crois ? Je ne suis pas sûr que ce (*être*) .... lui.

• Pourtant j'ai l'impression que c' (*être*) .... lui.

– Ce qui est sûr, c'est qu'il paraît plus jeune que sur sa photo ! Il est possible que ce .... son fils !

• Il est probable que son nouveau livre (*paraître*) .... la semaine prochaine.

– Tu crois ça ?

• Il se peut que l'éditeur (*attendre*) .... les fêtes de Noël.

– Il est peu probable qu'il le (*faire*) .... car ce n'est pas le genre de livre que les gens offrent à Noël.

3. Faire des hypothèses. Imaginez les phrases prononcées dans les situations suivantes. Utilisez les expressions du tableau du livre page 20.

a. Un collègue de bureau est absent : il est malade – il se sent stressé – il ne s'est pas réveillé – il a des problèmes avec sa voiture.

Il est possible qu'il soit malade, ...

b. Vous avez perdu vos clés : elles sont restées sur la porte – elles m'ont été volées – on les a rapportées à la police.

Il se peut que ...

Rappelez-vous

Le pronom « dont »

Il introduit une information à propos d'une personne ou d'une chose.

La proposition introduite par « dont » peut être :

- **complément d'un verbe construit avec la préposition « de »**
Je vous apporte le livre dont je vous ai parlé. (Je vous ai parlé **de** ce livre.)
- **complément d'un nom**
J'ai acheté un livre dont les illustrations sont magnifiques. (Les illustrations **de** ce livre sont magnifiques.)

4. Combinez les phrases en utilisant « dont ».

a. J'ai visité le château de Chenonceaux. Son architecture est très intéressante.

→ **J'ai visité le château de Chenonceaux dont l'architecture est très intéressante.**

b. Je vous conseille d'aller voir ce château. Une galerie de ce château est construite sur un pont qui traverse le Cher.

→ ....

c. Cette partie a été construite par Catherine de Médicis, l'épouse du roi Henri II. La ville natale de Catherine de Médicis était Florence. Cela lui rappelle le Ponte Vecchio.

→ ....

d. Chenonceaux a été la propriété de six femmes. Les plus célèbres de ces six femmes sont Catherine de Médicis et Diane de Poitiers, maîtresse d'Henri II.

→ ....

e. Partout dans le château, on peut voir un motif décoratif. Les lettres de ce motif rappellent à la fois les initiales d'Henri II, celles de sa femme et celles de sa maîtresse.

→ ....

f. Le château a été habité par François Ier. On peut visiter sa chambre au premier étage.

→ ....

5. **Souvenirs de voyage. Complétez avec *qui, que, dont, où*...**

a. Voici un tapis **que** j'ai acheté en Turquie.

b. Là, c'est une statue en bois .... vient de Norvège.

c. Et ça, c'est un tableau naïf .... l'auteur est brésilien.

d. Ici, ce sont des photos .... je trouve particulièrement réussies.

e. Çà ? C'est une lanterne magique .... j'ai oublié la provenance. Je ne sais plus .... je l'ai achetée.

Entraînement à l'oral

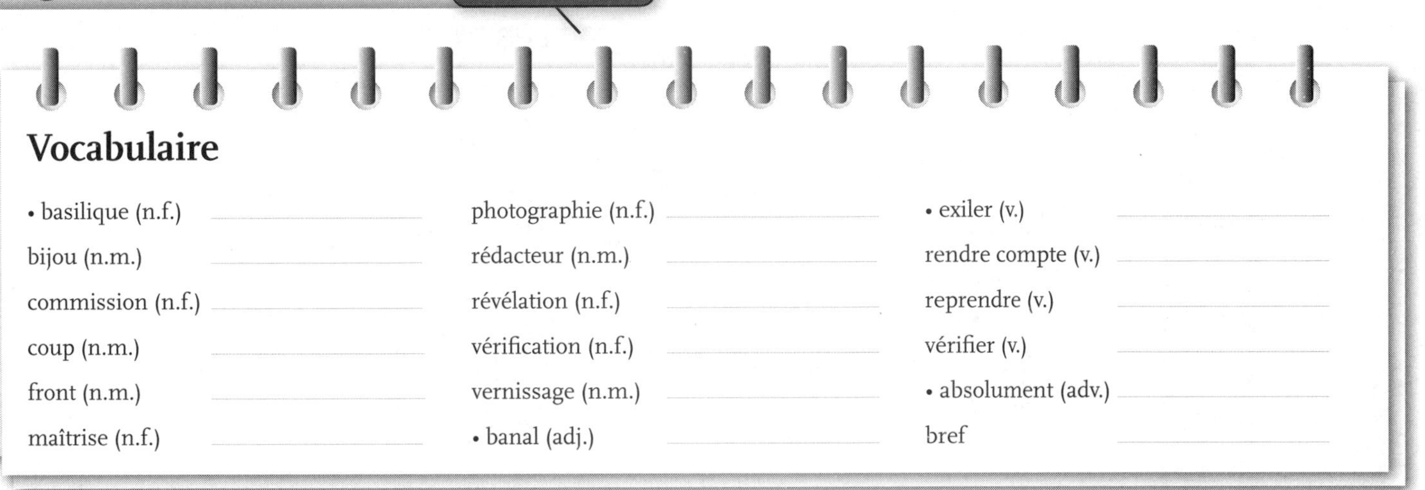

Vocabulaire

- basilique (n.f.) ....
bijou (n.m.) ....
commission (n.f.) ....
coup (n.m.) ....
front (n.m.) ....
maîtrise (n.f.) ....
photographie (n.f.) ....
rédacteur (n.m.) ....
révélation (n.f.) ....
vérification (n.f.) ....
vernissage (n.m.) ....
- banal (adj.) ....
- exiler (v.) ....
rendre compte (v.) ....
reprendre (v.) ....
vérifier (v.) ....
- absolument (adv.) ....
bref ....

Prononcez

1. 4 **Écoutez et cochez en indiquant l'ordre d'apparition.**

	[v]	[b]	[p]
a.			
b.			
c.			
d.			
e.			

Vérifiez

2. **Avez-vous bien compris l'histoire ? Répondez aux questions.**

a. Où Zoé rencontre-t-elle Arnaud Bossard ? ....

b. Qu'est-ce qu'il lui révèle ? ....

c. Avec qui Arnaud Bossard met-il en contact Zoé ? ....

d. Dans la scène 3, que vérifie M. Dupuis ? ....

e. Que décident M. Dupuis et Zoé ? ....

3. 5 Le guide présente le Centre Georges-Pompidou.

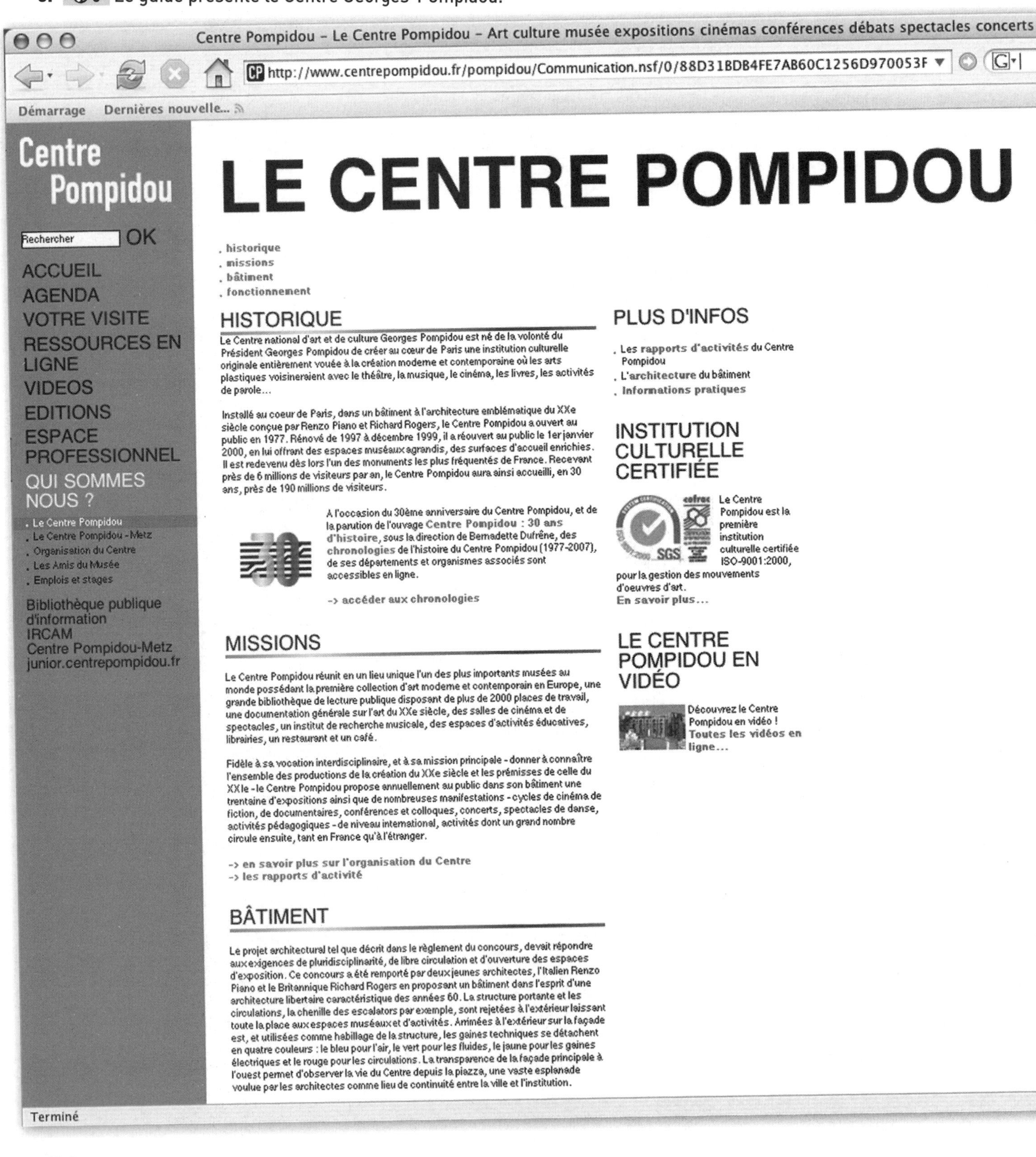

Centre Pompidou - Le Centre Pompidou - Art culture musée expositions cinémas conférences débats spectacles concerts

http://www.centrepompidou.fr/pompidou/Communication.nsf/0/88D31BDB4FE7AB60C1256D970053F

Démarrage Dernières nouvelle...

Centre Pompidou

Rechercher OK

ACCUEIL
AGENDA
VOTRE VISITE
RESSOURCES EN LIGNE
VIDEOS
EDITIONS
ESPACE PROFESSIONNEL
QUI SOMMES NOUS ?

. Le Centre Pompidou
. Le Centre Pompidou - Metz
. Organisation du Centre
. Les Amis du Musée
. Emplois et stages

Bibliothèque publique d'information
IRCAM
Centre Pompidou-Metz
junior.centrepompidou.fr

LE CENTRE POMPIDOU

. historique
. missions
. bâtiment
. fonctionnement

HISTORIQUE

Le Centre national d'art et de culture Georges Pompidou est né de la volonté du Président Georges Pompidou de créer au cœur de Paris une institution culturelle originale entièrement vouée à la création moderne et contemporaine où les arts plastiques voisineraient avec le théâtre, la musique, le cinéma, les livres, les activités de parole...

Installé au coeur de Paris, dans un bâtiment à l'architecture emblématique du XXe siècle conçue par Renzo Piano et Richard Rogers, le Centre Pompidou a ouvert au public en 1977. Rénové de 1997 à décembre 1999, il a réouvert au public le 1er janvier 2000, en lui offrant des espaces muséaux agrandis, des surfaces d'accueil enrichies. Il est redevenu dès lors l'un des monuments les plus fréquentés de France. Recevant près de 6 millions de visiteurs par an, le Centre Pompidou aura ainsi accueilli, en 30 ans, près de 190 millions de visiteurs.

A l'occasion du 30ème anniversaire du Centre Pompidou, et de la parution de l'ouvage **Centre Pompidou : 30 ans d'histoire**, sous la direction de Bernadette Dufrêne, des **chronologies** de l'histoire du Centre Pompidou (1977-2007), de ses départements et organismes associés sont accessibles en ligne.

-> **accéder aux chronologies**

MISSIONS

Le Centre Pompidou réunit en un lieu unique l'un des plus importants musées au monde possédant la première collection d'art moderne et contemporain en Europe, une grande bibliothèque de lecture publique disposant de plus de 2000 places de travail, une documentation générale sur l'art du XXe siècle, des salles de cinéma et de spectacles, un institut de recherche musicale, des espaces d'activités éducatives, librairies, un restaurant et un café.

Fidèle à sa vocation interdisciplinaire, et à sa mission principale - donner à connaître l'ensemble des productions de la création du XXe siècle et les prémisses de celle du XXIe - le Centre Pompidou propose annuellement au public dans son bâtiment une trentaine d'expositions ainsi que de nombreuses manifestations - cycles de cinéma de fiction, de documentaires, conférences et colloques, concerts, spectacles de danse, activités pédagogiques - de niveau international, activités dont un grand nombre circule ensuite, tant en France qu'à l'étranger.

-> **en savoir plus sur l'organisation du Centre**
-> **les rapports d'activité**

BÂTIMENT

Le projet architectural tel que décrit dans le règlement du concours, devait répondre aux exigences de pluridisciplinarité, de libre circulation et d'ouverture des espaces d'exposition. Ce concours a été remporté par deux jeunes architectes, l'Italien Renzo Piano et le Britannique Richard Rogers en proposant un bâtiment dans l'esprit d'une architecture libertaire caractéristique des années 60. La structure portante et les circulations, la chenille des escalators par exemple, sont rejetées à l'extérieur laissant toute la place aux espaces muséaux et d'activités. Arrimées à l'extérieur sur la façade est, et utilisées comme habillage de la structure, les gaines techniques se détachent en quatre couleurs : le bleu pour l'air, le vert pour les fluides, le jaune pour les gaines électriques et le rouge pour les circulations. La transparence de la façade principale à l'ouest permet d'observer la vie du Centre depuis la piazza, une vaste esplanade voulue par les architectes comme lieu de continuité entre la ville et l'institution.

PLUS D'INFOS

. Les **rapports d'activités** du Centre Pompidou
. L'**architecture** du bâtiment
. **Informations pratiques**

INSTITUTION CULTURELLE CERTIFIÉE

Le Centre Pompidou est la première institution culturelle certifiée ISO-9001:2000, pour la gestion des mouvements d'oeuvres d'art.
En savoir plus...

LE CENTRE POMPIDOU EN VIDÉO

Découvrez le Centre Pompidou en vidéo !
Toutes les vidéos en ligne...

Terminé

- **Notez :**

a. l'année d'ouverture du Centre : ....

b. l'origine du nom Centre Pompidou : ....

c. le nombre de visiteurs par jour : ....

d. la caractéristique de son architecture : ....

e. les titres des grandes expositions de :

– 1978 : ....

– 1979 : ....

– 1993 : ....

f. ce qu'on trouve dans le Centre Pompidou :

☐ une bibliothèque
☐ une galerie d'art
☐ un théâtre
☐ un musée
☐ un centre d'expérimentation musicale
☐ une salle d'exposition

Parlez

4. 6 **Combinez les deux phrases avec « dont » comme dans l'exemple.**

Présentations

a. Voici un ami. Je t'en ai parlé.

→ **Voici l'ami dont je t'ai parlé.**

b. Voici un collaborateur. J'en pense beaucoup de bien.

→ ....

c. Voici un chercheur. Je suis ses travaux.

→ ....

d. Voici un humoriste. J'aime bien ses sketches.

→ ....

e. Voici un journaliste. Je lis toujours ses articles.

→ ....

5. 7 **Confirmez comme dans l'exemple.**

Face au jury

a. Elle l'influencera. C'est probable.

→ **Il est probable qu'elle l'influencera.**

b. Elle veut intervenir. C'est possible.

→ ....

c. Elle témoignera. C'est probable.

→ ....

d. Elle ment. C'est impossible.

→ ....

e. Elle ne réussira pas. C'est possible.

→ ....

Pages Écrits et Civilisation

Vocabulaire

- asperge (n.f.) ....
bicyclette (n.f.) ....
botte (n.f.) ....
cataracte (n.f.) ....
collectionneur (n.m.) ....
couche (n.f.) ....
démarche (n.f.) ....
dessin (n.m.) ....
éolienne (n.f) ....
expert (n.m.) ....
infrarouge (n.m.) ....
métal (n.m.) ....
moulin (n.m.) ....
nature morte (n.f.) ....
nymphéa (n.m.) ....
ophtalmologue (n. f./m.) ....
plaisanterie (n.f.) ....
provocation (n.f.) ....
refuge (n.m.) ....
représentant (n.m.) ....
représentation (n.f.) ....
respect (n.m.) ....
restauration (n.f.) ....
roue (n.f.) ....
sculpteur (n.m.) ....
sculpture (n.f.) ....
signification (n.f.) ....
tabouret (n.m.) ....
tulle (n.m.) ....
ventilateur (n.m.) ....

- antérieur (adj.) ....
comblé (adj.) ....
enceinte (adj.) ....
flou (adj.) ....
flou (adj.) ....
multiple (adj.) ....
représentatif (adj.) ....
typique (adj.) ....

- accoucher (v.) ....
affirmer (v.) ....
assembler (v.) ....
atteindre (v.) ....
commémorer (v.) ....
consister (v.) ....
convenir (v.) ....
détourner (v.) ....
évoquer (v.) ....
exécuter (v.) ....
exposer (v.) ....
fixer (v.) ....
inaugurer (v.) ....
opérer (v.) ....
oser (v.) ....
pénétrer (v.) ....
perfectionner (v.) ....
rejeter (v.) ....
représenter (v.) ....
sculpter (v.) ....
surprendre (v.) ....
symboliser (v.) ....

- distinctement (adv.) ....
occurrence (en l'-) ....

1. Relisez la description des trois œuvres d'art page 24. Complétez le tableau.

	1	2	3
Nom du tableau			
Nom du peintre			
Lieu d'exposition			
Date de composition			
Ce qui fait le mystère du tableau			
Explication du mystère			

2. Qu'est-ce que l'article « Quand les objets deviennent des œuvres d'art » nous apprend sur :

a. La démarche de Marcel Duchamp : ....

b. L'objectif de l'artiste quand il a créé cet objet : ....

c. La représentation que le public se fait de l'objet créé par l'artiste : ....

d. Le changement de fonction de l'art : ....

e. Le courant surréaliste : ....

C'est toute une histoire !

Vous allez apprendre à :

- ☑ exprimer l'antériorité
- ☑ construire un récit au passé simple
- ☑ connaître certains aspects du patrimoine et de l'histoire de France

Travail avec les pages Interactions

Vocabulaire

• abandon (n.m.) ......
annexe (n.f.) ......
bénévole (n.f./m.) ......
biscuiterie (n.f.) ......
bordure (n.f.) ......
canal (n.m.) ......
chapelle (n.f.) ......
chemin de fer (n.m.) ......
cirque (n.m.) ......
défense (n.f.) ......
démolition (n.f.) ......
dynastie (n.f.) ......
empire (n.m.) ......
empreinte (n.f.) ......
genre (n.m.) ......
grillage (n.m.) ......
magination (n.f.) ......
oubli (n.m.) ......
plongée (n.f.) ......
proximité (n.f.) ......
revue (n.f.) ......
tas (n.m.) ......
tombeau (n.m.) ......
• atypique (adj.) ......
bizarre (adj.) ......
glorieux (adj.) ......
identique (adj.) ......
industriel (adj.) ......
insolite (adj.) ......
prestigieux (adj.) ......
• bâtir (v.) ......
classer (v.) ......
consacrer (v.) ......
convoiter (v.) ......
démolir (v.) ......
éclairer (v.) ......
ériger (v.) ......
inspirer (v.) ......
intégrer (v.) ......
mériter (v.) ......
ramasser (v.) ......
reconvertir (v.) ......
remettre (v.) ......
rénover (v.) ......
réparer (v.) ......
restituer (v.) ......
sauver (v.) ......
vouer (v.) ......

1. Relisez l'article « Le Palais Idéal : l'œuvre d'un original », page 26. Dites si les affirmations suivantes sont vraies ou fausses.

	vrai	faux
a. Ferdinand Cheval était facteur dans la ville de Hauterives.	☐	☐
b. Il distribuait le courrier dans les villages.	☐	☐
c. Il s'était fait construire un magnifique palais.	☐	☐
d. Il ramassait des jolies pierres et les stockait dans son jardin.	☐	☐
e. Avec ces pierres, il réalisait les constructions qu'il avait imaginées.	☐	☐
f. Il lui a fallu trente-trois ans pour réaliser son Palais Idéal.	☐	☐

2. Construction et destruction. Complétez avec les verbes de la liste.

construire – détruire – reconstruire – reconvertir – restaurer – transformer.

Les arènes de Nîmes

a. C'est au Ier siècle avant J.-C. que les Romains ont **construit** les arènes de Nîmes.

b. Au Moyen Âge, le bâtiment a été ______ en château fort.

c. Au XVIIIe siècle, tout l'intérieur a été ______ et les pierres ont été utilisées pour construire un village.

d. Au XIXe siècle, les Arènes ont été ______ par l'architecte Viollet-le-Duc qui a aussi ______ les remparts de Carcassonne et ceux d'Avignon.

e. Aujourd'hui, le bâtiment a été ______ en salle de spectacle.

3. Du verbe au substantif et inversement.

a. rénover → **une rénovation**

b. transformer → ______

c. ______ → la construction

d. ______ → la destruction

e. restaurer → ______

f. ______ → la démolition

g. installer → ______

4. Du sens propre au sens figuré. Complétez avec les verbes de la liste.

casser – construire – détruire – rénover – restaurer.

a. C'est par les contacts avec les autres que les enfants ______ leur personnalité.

b. Le ministre de l'Éducation veut ______ le système éducatif et ______ l'autorité des enseignants.

c. Il suffit de quelques mensonges pour ______ une réputation.

d. La mauvaise note que j'ai eue en math m' ______ le moral

5. Associez un adjectif et un nom.

gratuit – bizarre – atypique – ouvert – glorieux – illustre.

a. une personnalité ______

b. un acte ______

c. un homme ______

d. un passé ______

e. un esprit ______

f. une idée ______

6. Pour se situer. Complétez avec les mots de la liste.

aux abords de – en bordure de – à proximité de – au large de – les environs de

a. La nouvelle Bibliothèque nationale a été construite ______ la Seine.

b. J'ai trouvé à me loger ______ une station de métro.

c. L'îlot du Château d'If se trouve ______ port de Marseille.

d. Dans ______ Paris, il y a beaucoup de forêts.

e. La zone industrielle a été créée ______ la ville.

Travail avec les pages Ressources

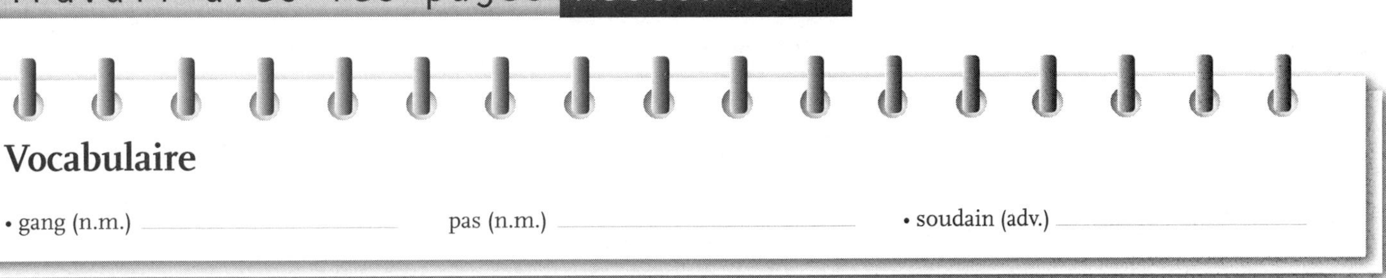

Vocabulaire

• gang (n.m.) ……… pas (n.m.) ……… • soudain (adv.) ………

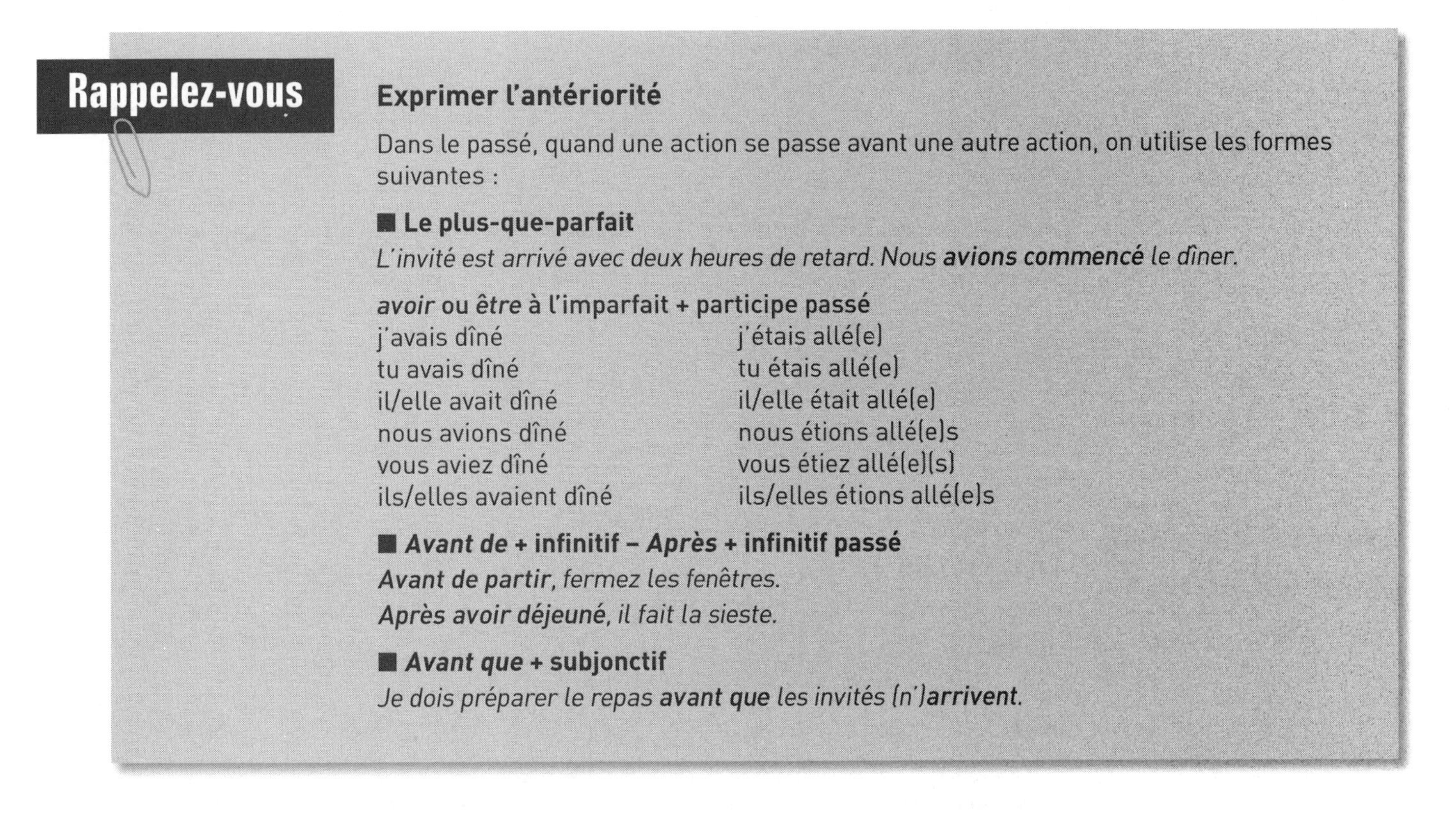

Rappelez-vous

Exprimer l'antériorité

Dans le passé, quand une action se passe avant une autre action, on utilise les formes suivantes :

■ **Le plus-que-parfait**

*L'invité est arrivé avec deux heures de retard. Nous **avions commencé** le dîner.*

avoir **ou** ***être*** **à l'imparfait + participe passé**

j'avais dîné	j'étais allé(e)
tu avais dîné	tu étais allé(e)
il/elle avait dîné	il/elle était allé(e)
nous avions dîné	nous étions allé(e)s
vous aviez dîné	vous étiez allé(e)(s)
ils/elles avaient dîné	ils/elles étions allé(e)s

■ ***Avant de*** **+ infinitif –** ***Après*** **+ infinitif passé**

Avant de partir, *fermez les fenêtres.*

Après avoir déjeuné, *il fait la sieste.*

■ ***Avant que*** **+ subjonctif**

*Je dois préparer le repas **avant que** les invités (n')**arrivent**.*

1. Racontez au passé : utilisez les temps qui conviennent (imparfait, passé composé, plus-que-parfait).

a. *Contretemps*

Quand je (*arriver*) ……… au bureau, le directeur (*réunir*) ……… tout le personnel. J' (*essayer*) ……… de t'appeler car je (*savoir*) ……… qu'il (*programmer*) ……… une longue réunion.

b. *Explication*

Quand les enfants sont arrivés de l'école, je (*encore*) (*ne pas préparer*) ……… le repas. Je leur (*expliquer*) ……… que je (*quitter*) ……… le travail plus tard que d'habitude parce que (*accepter*) ……… de faire un travail urgent.

c. *Incident*

Ce matin-là, j'ai quitté la maison vers 9 h. Je (*devoir*) ……… aller à une répétition. J' (*être pressé*) ……… . J' (*garer*) (*mal*) ……… la voiture. Quand je (*revenir*) ……… à l'endroit où je (*laisser*) ……… , elle (*disparaître*) ……… .

2. Imaginez. Racontez ce qui s'est passé avant. Continuez.

Dure vie d'artiste

En 2003, j'ai enfin connu mon premier succès. Mais pendant dix ans, j' (*faire*) .... tous les métiers. J' (*vouloir*) .... être peintre. Puis, je t' (*rencontrer*) .... et tu m' (*présenter*) .... au patron du cabaret où tu travaillais. Il m' (*engager*) .... et nous (*vivre*) .... en faisant les petits boulots des artistes débutants.

J' (*écrire*) .... des chansons pour les autres sans les signer. Et puis un jour, un jeune imprésario m' (*donner*) .... ma chance.

3. Complétez le récit en mettant chaque verbe au temps qui convient.

Perdus dans la montagne

Le responsable du chalet (*indiquer*) .... que le randonneur (*partir*) .... avec un ami dans le massif de Belledonne.

Il (*soupçonner*) .... que les deux hommes (*se perdre*) .... et (*penser*) .... qu'ils (*être*) .... victimes d'une avalanche.

Il (*appeler*) .... les secours. Les secours (*trouver*) .... les randonneurs légèrement blessés. Ils (*raconter*) .... qu'ils (*surprendre*) .... par une avalanche mais qu'ils (*pouvoir*) .... se dégager et se mettre à l'abri du froid.

Rappelez-vous

Le passé simple

■ **Verbes en *-er***

parler : je parlai – tu parlas – il/elle parla
nous parlâmes – vous parlâtes – ils/elles parlèrent

■ **Les formes des autres verbes** sont souvent proches du participe passé. On trouve :

- **des formes en [i]** → faire : il/elle fit, ils/elles firent
- **des formes en [y]** → vouloir : il/elle voulut, ils/elles voulurent
- **des formes en [ɛ̃]** → venir : il/elle vint, ils/elles vinrent

4. Voici une notice sur la célèbre chanteuse Édith Piaf. Mettez les verbes au passé simple.

Figure mondiale de la chanson française, Edith Piaf **mourut** en 1963. Elle (*commencer*) .... sa carrière dans la rue. Après avoir triomphé en France, elle (*tenter*) .... une carrière américaine et elle (*remporter*) .... un immense succès avec la chanson « La vie en rose ». C'est aux États-Unis qu'elle (*connaître*) .... Marcel Cerdan, le champion de boxe qui (*être*) .... le grand amour de sa vie.

5. Voici un extrait du livre *Le Mur* de Jean-Paul Sartre. Relever et classer les verbes qui servent à :

a. raconter les actions principales (noter l'infinitif des verbes) ;

b. décrire ;

c. rapporter des pensées ou des paroles ;

d. exprimer directement ce que disent les personnages.

« Quand le gros homme me dépassa, je sursautai et je lui emboîtai le pas. [...] Il se dandinait un peu et respirait fort, il avait l'air costaud. Je sortis mon revolver : il était brillant et froid, il me dégoûtait, je ne me rappelais pas très bien ce que je devais en faire. Tantôt je le regardais et tantôt je regardais la nuque du type. [...] Je me demandais si je n'allais pas jeter mon revolver dans un égout.

Tout d'un coup le type se retourna et me regarda d'un air irrité. Je fis un pas en arrière.

« C'est pour vous demander... »

Il n'avait pas l'air d'écouter, il regardait mes mains. J'achevai péniblement :

« Pouvez-vous me dire où est la rue de la Gaîté ? »

Son visage était gros et ses lèvres tremblaient. Il ne dit rien, il allongea la main. Je reculai encore et je lui dis :

« Je voudrais... »

À ce moment je sus que j'allais me mettre à hurler. Je ne voulais pas : je lui lâchai trois balles dans le ventre. Il tomba d'un air idiot, sur les genoux, et sa tête roula sur son épaule gauche.

« Salaud, lui dis-je, sacré salaud ! »

J.-P Sartre, *Le Mur*, éd Gallimard, 1939.

a. ……………………………………………

b. ……………………………………………

c. ……………………………………………

d. ……………………………………………

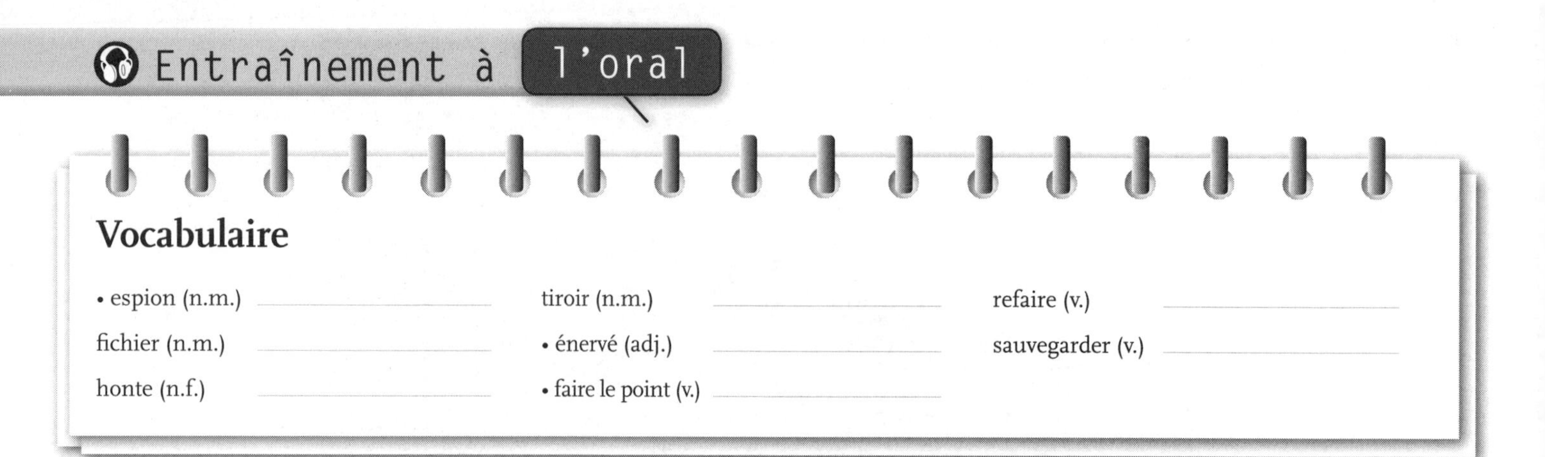

Prononcez

1. 8 Écoutez et cochez.

	[t]	[d]
a.		
b.		
c.		
d.		
e.		
f.		
g.		

Vérifiez votre compréhension

2. Avez-vous bien compris l'histoire ? Répondez aux questions.

a. Que découvre Zoé quand elle arrive au bureau ? ……………………

b. Qui soupçonne-t-on ? ……………………

c. De quoi Zoé a-t-elle peur ? ……………………

d. Pourquoi ne peut-elle pas refaire son article ? ……………………

e. Qui monsieur Dupuis appelle-t-il ? ……………………

Parlez

3. 9 **Emploi du plus-que-parfait. Répondez aux questions suivant le modèle.**

Réunion politique

a. Pourquoi tu n'as pas parlé à la réunion ? **– Parce que j'avais déjà parlé.**

b. Pourquoi tu n'es pas intervenue ? ……………………

c. Pourquoi tu n'as pas témoigné ? ……………………

d. Pourquoi tu n'as pas discuté la proposition ? ……………………

e. Pourquoi tu n'as pas critiqué le projet ? ……………………

Pages Écrits et Civilisation

Vocabulaire

- arc de triomphe (n.m.)
assemblée nationale (n.f.)
bourg (n.m.)
clocher (n.m.)
colline (n.f.)
conquête (n.f.)
coup d'État (n.m.)
cour (n.f.)
crise (n.f.)
domination (n.f.)
druide (n.m.)
écroulement (n.m.)
édification (n.f.)
édifice (n.m.)
empereur (n.m.)
époux (n.m.)
herboriste (n.m.)
invasion (n.f.)
légende (n.f.)
libération (n.f.)
mas (n.m.)
mineur (n.m.)
monarchie (n.f.)
monastère (n.m.)
mousquetaire (n.m.)
noblesse (n.f.)
orgue (n.m.)
protestant (n.m.)
récital (n.m.)
réforme (n.f.)
Renaissance (n.f.)
révolutionnaire (n.m.)
ruine (n.f.)
soldat (n.m.)
troglodyte (n.m.)
troupe (n.f.)
vestige (n.m.)
- archéologique (adj.)
catholique (adj.)
gothique (adj.)
issu (de) (adj.)
paisible (adj.)
rural (adj.)
spirituel (adj.)
- abriter (v.)
bombarder(v.)
délivrer (v.)
dominer (v.)
dresser (se) (v.)
envahir (v.)
guillotiner (v.)
nourrir (v.)
provenir (v.)
rassembler (v.)
soigner (v.)
- durant (prép.)

1. Relisez la présentation de Saint-Rémy-de-Provence et dites où l'on peut :

a. assister à des récitals d'orgue : ……

b. voir des expositions d'art contemporain : ……

c. trouver des vestiges archéologiques : ……

d. trouver des spécimens de la flore : ……

e. découvrir une évocation des traditions locales : ……

f. trouver des témoignages sur l'œuvre et la vie de Van Gogh : ……

2. Remettez dans l'ordre les épisodes de la guerre.

a. Bombardement de l'armée ennemie
b. Signature de la paix
c. Tension entre les deux pays
d. Contre-attaque de l'ennemi
e. Invasion du pays ennemi
f. Déclaration de guerre
g. Défaite
h. Mobilisation des armées
i. Nombreuses batailles sur le front

Ordre : ……

3. Voici des événements : retrouvez l'époque et les acteurs. Aidez-vous de la page 33.

a. Libération de la France de la domination anglaise : ……

b. Invasion de la Gaule : ……

c. Massacre de la Saint-Barthélémy : ……

d. Prise de pouvoir par un jeune général : ……

e. L'assassinat d'une reine de France : ……

f. Révoltes ouvrières : ……

Imaginez un peu...

Vous allez apprendre à :

- ☑ exprimer des sentiments
- ☑ rédiger une lettre de demande d'informations
- ☑ utiliser le conditionnel passé

Travail avec les pages Interactions

Vocabulaire

• autorité (n.f.)	sensation (n.f.)	• éprouver (v.) ....
bouquin (n.m.)	sort (n.m.)	haïr (v.) ....
délire (n.m.)	voyou (n.m.)	procurer (v.) ....
discipline (n.f.)	• fraternel (adj.)	virer (fam.) (v.) ....
gamin (n.m.)	nostalgique (adj.)	• davantage (adv.) ....
pianiste (n.f./m.)	rebelle (adj.)	farouchement (adv.) ....
réalité (n.f.)	solidaire (adj.)	lorsque (conj.) ....
regret (n.m.)	trouble (adj.)	

1. Complétez avec un mot de la liste.

le rêve – le désir – la sensation – l'imagination – l'envie – l'impression.

a. Nous avons passé nos vacances aux Seychelles. C'étaient des vacances de **rêve.**

b. Nous avons fait de la plongée. J'ai eu des .... extraordinaires.

c. Clara n'est pas venue. Elle n'avait pas .... de quitter Paris.

d. J' ai .... qu'elle est surtout restée pour Charles.

e. Charles ne prend jamais de vacances. C'est un gros travailleur. Il a un vrai .... de réussite.

2. Faites correspondre les sentiments, les attitudes et les mots qui les traduisent.

Sentiments	Attitudes	Paroles prononcées
colère	**a.** applaudir	**1.** Je suis malheureux !
enthousiasme	**b.** hausser les épaules	**2.** C'est très amusant !
gaieté	**c.** pleurer	**3.** Je n'aurais pas dû faire ça.
honte	**d.** rire	**4.** C'est formidable !
indifférence	**e.** rougir	**5.** Ça va chauffer !
tristesse	**f.** froncer les sourcils	**6.** Ça m'est égal.

3. Exprimez un sentiment : complétez avec un mot de la liste.

solidaire – rebelle – nostalgique – troublé – fraternel.

a. Mes collègues sont en grève. Je me sens très **solidaire** de leur action.

b. J'adore les chanteurs des années pop. Je suis très .... de cette époque.

c. Elle ne supporte pas qu'on lui donne des ordres. Elle est .... à toute autorité.

d. Il s'est montré très .... avec nous. C'est comme s'il faisait partie de la famille.

e. Marie a demandé à Pierre s'il l'aimait. Pierre a été .... par cette question.

Travail avec les pages Ressources

Vocabulaire

• secteur (n.m.) .... • emmener (v.) ....

Rappelez-vous

Le conditionnel passé

■ Formation

***avoir* ou *être* au conditionnel présent + participe passé**

parler	**partir**
j'aurais parlé	je serais parti(e)
tu aurais parlé	tu serais parti(e)
il/elle aurait parlé	il/elle serait parti(e)
nous aurions parlé	nous serions parti(e)s
vous auriez parlé	vous seriez parti(e)(s)
ils/elles auraient parlé	ils/elles seraient parti(e)s

■ Emploi

– Après une supposition exprimée au plus-que-parfait ou au subjonctif
– Pour exprimer un regret
– Pour donner un conseil
– Pour annoncer une information non vérifiée

1. Dites-le avec des « si ».

a. Ils n'ont pas été bien informés. Ils n'ont pas vu les difficultés.

→ **S'ils avaient été mieux informés, ils auraient mieux vu les difficultés.**

b. L'entreprise n'a pas fait attention. Il y a eu un accident.

→ ....

c. Les employés n'ont pas été assez solidaires. On a connu beaucoup de problèmes.

→ ....

d. Nous n'avons pas été écoutés. Nous avons aujourd'hui un problème écologique.

→ ....

e. Tout le monde n'a pas été prévenu. On n'a pas pu réagir.

→ ....

2. Complétez.

Si vous m'aviez écouté...

a. vous ne pas (*être obligé*) .... de faire ce travail pour rien.

b. vous (*maîtriser*) mieux .... le problème.

c. vous (*demander*) .... des conseils.

d. vous (*trouver*) .... les informations nécessaires.

e. vous (*rencontrer*) .... les bons interlocuteurs.

3. Si tu n'avais pas eu cet accident... Imaginez la suite.

Si tu n'avais pas eu cet accident...

a. ne pas retarder notre départ en vacances (*nous*) → **..., nous n'aurions pas retardé notre départ en vacances.**

b. ne pas changer mes dates de congé (*je*) → ....

c. ne pas modifier la destination (*nous*) → ....

d. annuler ton stage de plongée (*tu*) → ....

e. emmener ta mère et son canari (*nous*) → ....

4. Ils expriment des sentiments. Que disent-ils ?

Je suis fier... – Je suis triste... – Je suis heureux... – J'ai honte de...

a. l'actrice qui a remporté l'Oscar → **Je suis fière d'avoir remporté l'Oscar.**

b. l'idée de passer un bon week-end ensemble

→ ....

c. sortir avec toi ne me plaît pas car tu es impoli avec les gens

→ ....

d. malheureusement je ne suis pas libre pour venir à ta soirée

→ ....

e. avoir un ami sur qui on peut compter

→ ....

5. Combinez : utilisez les formes « *être* + adjectif + *de/que* ».

a. J'ai reçu ta réponse. J'en suis heureux. → **Je suis heureux d'avoir reçu ta réponse.**

b. J'ai obtenu de très bons résultats. Je suis comblé.

→ ....

c. Tu ne m'as pas téléphoné. J'en suis amer.

→ ....

d. Tu n'as pas envoyé ton dossier à temps. Tu es inconscient.

→ ....

e. Vous ne venez pas assez souvent. Nous sommes déçus.

→ ....

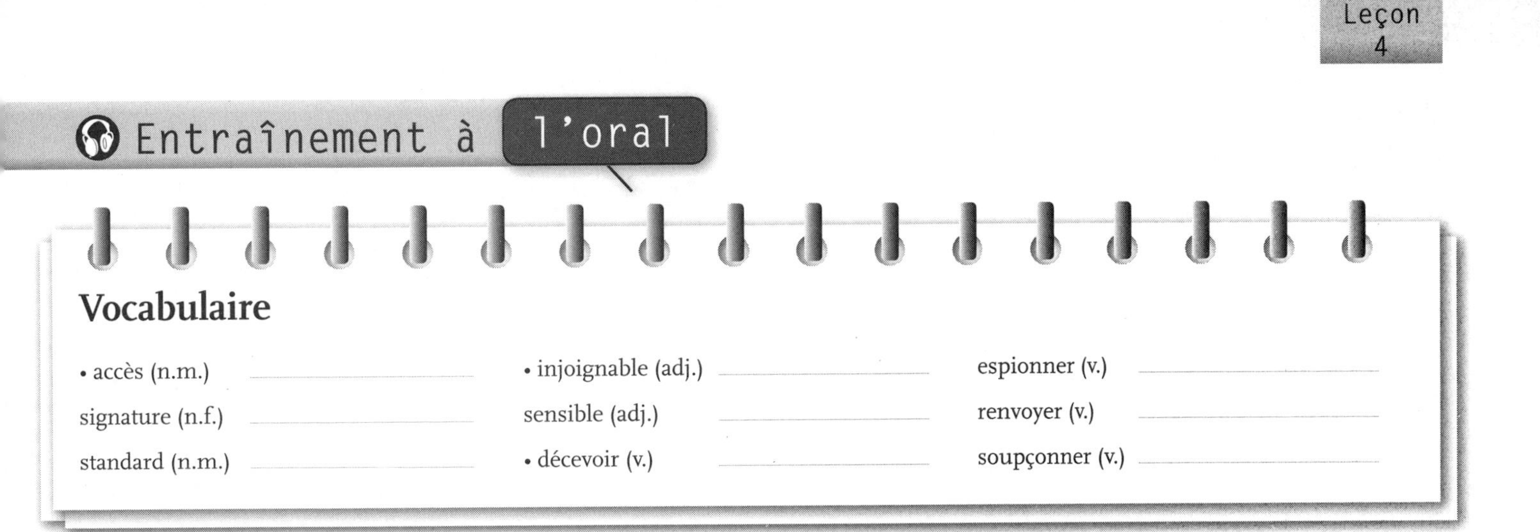

Vocabulaire

• accès (n.m.)	• injoignable (adj.)	espionner (v.)
signature (n.f.)	sensible (adj.)	renvoyer (v.)
standard (n.m.)	• décevoir (v.)	soupçonner (v.)

Prononcez

1. **10** **Écoutez et cochez.**

	[son ʒ]	[son ʃ]
a.		
b.		
c.		
d.		
e.		
f.		

Vérifiez votre compréhension

2. Avez-vous bien compris l'histoire ? Répondez aux questions.

a. Que découvre Zoé en lisant le journal ?

b. Qu'est-ce qui s'est passé au journal *Le Matin* pendant qu'elle n'était pas là ?

c. Pourquoi le directeur n'a-t-il pas voulu que M. Dupuis prévienne Zoé ?

d. Quelle récompense Zoé reçoit-elle pour ses articles ?

e. Pourquoi le directeur du journal est-il content ?

3. **11** **Écoutez le message. Relevez les demandes d'informations et la forme utilisée pour l'introduire. (À faire après avoir fait le travail sur la page Écrits.)**

Type de demande	Forme utilisée
Conditions location de voiture	Je voudrais connaître

Parlez

4. 12 Confirmez comme dans l'exemple.

a. Il vient. Vous êtes contente ? → **Je suis contente que tu viennes.**

b. Il a réussi. Vous êtes satisfaite ? →

c. Il poursuit ses études. Vous êtes heureuse ? →

d. Il fait beaucoup d'efforts. Vous en êtes fière ? →

e. Il ne perd jamais de temps. Ça vous rassure ? →

Pages Écrits et Civilisation

Vocabulaire

- biographie (n.f.)

biotechnologie (n.f.)

bouquiniste (n.m.)

bracelet (n.m.)

compositeur (n.m.)

coût (n.m.)

descente (n.f.)

diversité (n.f.)

envoi (n.m.)

étalage (n.m.)

exclusion (n.f.)

formalité (n.f.)

généraliste (n.m.)

gorge (n.f.)

héritier (n.m.)

martyr (n.m.)

métisse (n.m.)

peine (n.f.)

racisme (n.m.)

régime (n.m.)

résidence (n.f.)

sexisme (n.m.)

- approximatif (adj.)

monotone (adj.)

propre (adj.)

urgent (adj.)

- accomplir (v.)

émigrer (v.)

enrichir (s') (v.)

éteindre (v.)

frôler (v.)

moral (avoir le –) (v.)

souffrir (v.)

1. Retrouvez dans la lettre de Lydia à Émilie et Simon (p. 40) les formes suivantes :

a. *avoir* + sentiment + *de*

b. verbe + sentiment + *de*

c. expression de la supposition avec « si »

a.

b.

c.

2. Préparez la lettre de demande d'informations. Continuez les listes.

a. les types de voyage : **un circuit organisé, un séjour**

b. les possibilités de logements : **l'hôtel,**

c. les moyens de déplacement : **le train,**

d. les conditions climatiques : **température élevée,**

e. les conditions d'admission : **un passeport valide pour 6 mois encore,**

3. Dites-le autrement. Trouvez la signification de ces expressions extraites des chansons de la page 41.

a. Je reste le poing levé
b. Je suis métisse
c. Je ne suis « pas martyre »
d. J'avance le cœur léger
e. J'ai pas le moral
f. J'ai l'air d'une chipolata
g. Paris s'éteint

1. Je suis optimiste
2. Je ne suis pas en forme
3. Je me trouve gros
4. Je suis révoltée
5. C'est le soir
6. J'ai deux cultures
7. Je n'ai pas envie de souffrir

Préparation au DELF B1

• Compréhension de l'oral

13 Écoutez puis répondez aux questions.

1. Il s'agit :
☐ **a.** d'une conférence
☐ **b.** d'un reportage
☐ **c.** d'une conversation entre amis

2. Dans ce document on parle :
☐ **a.** de voyage
☐ **b.** de sentiments
☐ **c.** de lecture

3. On donne des informations concernant :
☐ **a.** un prix littéraire
☐ **b.** un cours de littérature
☐ **c.** une histoire de la littérature francophone

4. Qui dit que :
☐ **a.** aujourd'hui, il faut apprendre à lire sans héros : ....
☐ **b.** les personnages deviennent parfois des amis : ....
☐ **c.** la littérature contemporaine fait réfléchir sur l'actualité : ....

• Compréhension des écrits

Lisez le texte ci-dessous et répondez aux questions.

RÉVOLUTION ERASMUS

C'est une belle histoire... Elle a vingt ans... Elle a un nom de code, ou plutôt de programme, « Erasmus », et un film culte qui la célèbre, *L'Auberge espagnole* : en vingt ans, elle a fait naître la première « eurogénération ». Un million et demi de jeunes Européens qui, depuis 1987, ont appris l'Europe dans les bars à tapas de Madrid ou Barcelone, dans les pubs de Londres ou Cambridge ou les trattorias de Rome ou Milan ou encore dans les bistrots de Toulouse ou Montpellier. Belle victoire aussi pour le philosophe humaniste Érasme de Rotterdam auquel le programme doit son nom et qui dès le XVe siècle avait sillonné l'Europe et séjourné en France, en Italie, en Angleterre et en Suisse.

Si l'on considère les seuls chiffres de la France, ce sont près de 23 000 étudiants qui, ces dernières années, ont profité du programme : 7 000 venant des filières de la gestion d'entreprise, 3 600 des langues, presque autant de l'ingénierie... Mais ils étaient seulement 600 en sciences humaines et 200 en géographie.
Avec Erasmus, au-delà de la convivialité, c'est aussi une autre Europe qui se construit : celle des cursus d'études harmonisés, des diplômes reconnus partout en Europe, des accords inter-universitaires. Plus encore, si l'on en croit Jacques Delors, avec Erasmus, en 1987, c'est « la première fois que l'Europe fait quelque chose pour les citoyens et non pour l'économie ou la monnaie... »

1. Cochez les phrases justes.
☐ **a.** Le programme Erasmus a été créé en 1987.
☐ **b.** *L'Auberge espagnole* est l'autre nom du programme Erasmus.
☐ **c.** Les étudiants peuvent seulement aller étudier à Barcelone, Madrid, Londres ou Cambridge.
☐ **d.** 23 000 étudiants français ont participé ces dernières années au programme Erasmus.

2. Qui est le créateur du programme Erasmus ? ....

3. Qui était Érasme ? ....

4. Quels sont les pays dans lesquels il a étudié ? ....

5. Combien d'étudiants ont participé au programme ? ....

6. En France, quelle est la filière qui envoie le plus d'étudiants à l'étranger ? ....

7. Quelles sont les conséquences d'Erasmus sur l'organisation des formations universitaires en Europe ?
....
....
....

• Production écrite

Lisez le texte ci-dessous et repérez :

a. de **qui** il s'agit : ....

b. qu'est-ce qui se passe : ....

c. où ça se passe : ....

d. quand ça se passe : ....

e. comment ça se passe : ....

f. pourquoi ça se passe comme ça : ....

Anne a attendu longtemps. Ce jour-là, comme souvent au bord de la mer, il pleuvait. Elle avait froid. C'est normal, pensa-t-elle, c'est le début de l'automne. Comme d'habitude, sa sœur avait oublié de lui donner un numéro de téléphone où la joindre et elle ne connaissait pas son adresse.

La ville, reconstruite après la guerre, ne ressemblait à rien. Elle s'était installée au bar. Cela faisait bien deux heures qu'elle était là quand un homme, elle sut plus tard qu'il s'appelait Jean, entra avec une petite fille. Il commanda un Campari orange pour lui et un diabolo pour la petite fille. La patronne les servit machinalement tout en écoutant la radio qui n'arrêtait pas de parler d'un meurtrier qui venait de tuer une femme et s'était enfui.

Elle oublia l'homme et voulut parler avec la petite fille. Aussitôt, celle-ci prit peur, hurla, se cacha sous une table, prenant la position de quelqu'un qui cherche à se protéger – d'un bombardement ? d'une personne violente ? Ça, elle l'apprendrait plus tard.

La patronne changea de station de radio. Sur trois petites notes de musique, on entendit alors une valse lente. L'homme la regarda.

Après avoir fait ce travail, vous présentez à votre tour un événement. À vous d'imaginer : les personnages (qui), l'action (quoi), le ou les lieux (où), le moment (quand), la manière (comment) et la cause (pourquoi).

....

....

• Production orale

Voici deux points de vue sur le racisme. Présentez votre point de vue en vous aidant des arguments des deux documents.

Alban

« Avoir peur de ce qui est différent ne fait pas forcément de vous un raciste. C'est quand vous subissez une agression, que vous êtes victime d'une parole blessante et que vous prenez peur, alors là, vous mettez un pied dans le racisme : refuser de monter dans un ascenseur avec un Arabe ou se faire traiter de « sale Blanche » pour une fille... et on y est dans la peur de l'autre, dans le cliché de la violence. »

Romain

« La réaction ou l'insulte racistes peuvent arriver plus vite qu'on ne le croit : un jour, je jouais au foot, l'arbitre a triché, ça m'a énervé, je l'ai traité de "sale Nègre". J'ai vite regretté et je suis allé m'excuser. Même chose, un jour j'ai raconté une histoire que je croyais drôle sur les juifs ; j'ignorais qu'un garçon que je connaissais bien était de religion juive ; il a été super vexé. On en a reparlé après et j'ai juré de ne jamais plus raconter d'histoire de ce genre. »

Unité 2

Leçon 5

Mais où va-t-on ?

Vous allez apprendre à :

- ☑ vous situer dans le futur
- ☑ exprimer des conditions et des restrictions
- ☑ exposer un projet ou une situation future

Travail avec les pages Interactions

Vocabulaire

• agriculture (n.f.) ....
ancêtre (n.m.) ....
centenaire (n.m.) ....
chauffage (n.m.) ....
chirurgien (n.m.) ....
éclairage (n.m.) ....
élevage (n.m.) ....
justice (n.f.) ....
marée (n.f.) ....
matériaux (n.m.) ....
mégalopole (n.f.) ....
mode (n.m.) ....
mondialisation (n.f.) ....
norme (n.f.) ....
prime (n.f.) ....
progrès (n.m.) ....
scénario (n.m.) ....
température (n.f.) ....
utilisation (n.f.) ....
vague (n.f.) ....
vent (n.m.) ....
zone (n.f.) ....
• agressif (adj.) ....
bon marché (adj.) ....
désertique (adj.) ....
distrait (adj.) ....
glaciaire (adj.) ....
imprudent (adj.) ....
maladroit (adj.) ....
obèse (adj.) ....
puissant (adj.) ....
vivable (adj.) ....
virtuel (adj.) ....
• adapter (v.) ....
angoisser (v.) ....
consommer (v.) ....
conformer (se) (v.) ....
dicter (v.) ....
durer (v.) ....
évoluer (v.) ....
exiger (v.) ....
fondre (v.) ....
fréquenter (v.) ....
gaspiller (v.) ....
geler (v.) ....
modifier (v.) ....
pénaliser (v.) ....
protéger (v.) ....
réchauffer (v.) ....
refroidir (v.) ....

1. Avec chaque mot de la liste de gauche construisez deux expressions.

a. les progrès
b. l'évolution
c. le changement
d. l'adaptation
e. le passage

1. .... d'un décor au théâtre
2. .... d'un étudiant à un nouveau programme
3. .... d'une maladie
4. **les progrès** de la science
5. .... d'un pneu crevé
6. .... de l'heure d'hiver à l'heure d'été
7. .... des espèces selon Darwin
8. .... d'un élève tout au long de l'année
9. .... d'un roman au cinéma
10. .... en classe de seconde

2. Dites si ces affirmations sont vraies ou fausses.

	vrai	faux
a. L'essence est un carburant propre.	☐	☐
b. Le Gulf Stream est un courant froid de l'océan Atlantique.	☐	☐
c. Les marées font partie des énergies renouvelables.	☐	☐
d. L'effet de serre contribue au réchauffement de la planète.	☐	☐
e. L'énergie nucléaire est une énergie renouvelable.	☐	☐

3. Dites le contraire.

a. En été, la température monte. En hiver, **elle baisse**.

b. Le prix des livres a baissé. Le prix du pétrole ……………………

c. Les espèces animales sont en danger. Dans les parcs naturels, ……………………

d. Le plat a refroidi. Il faut ……………………

e. La mode des vêtements noirs a duré longtemps. Celle des vêtements clairs ……………………

f. Je me suis conformé au règlement. Pierre, lui, ……………………

g. En hiver, le lac a gelé. Au printemps, la glace ……………………

h. Les entreprises automobiles se sont développées. Les entreprises textiles ……………………

Travail avec les pages Ressources

Vocabulaire

• condition (n.f.) ……………………
fonction (n.f.) ……………………
navette (n.f.) ……………………
spationaute (n.m.) ……………………
• excepté (adj.) ……………………
spatial (adj.) ……………………

1. Dans un an... Dans un mois... Ils disent ce qu'ils auront fait. Rédigez.

a. *changer de métier (je) – partir vivre dans un autre pays (nous) – trouver un autre cadre de vie (nous) – rencontrer d'autres amis (tu) – se familiariser avec une autre langue et une autre manière de vivre (vous) – apprendre d'autres manières de travailler (je).*

Dans un an, j'aurai changé de métier ……………………

b. *terminer la thèse (elle) – relire la thèse (son ami) – être nommé (les membres du jury) – se préparer à affronter le jury (elle).*

Dans un mois, elle aura terminé sa thèse, ……………………

2. Exprimez la durée : complétez avec *dans – d'ici – jusqu'à – jusqu'à ce que*.

a. …………………… quelques jours, le projet de loi sur l'environnement sera présenté à la presse.

b. …………………… à la fin du mois, la commission examinera le texte.

c. …………………… la loi soit présentée, il sera possible d'apporter des modifications.

d. La discussion pourrait durer ensuite …………………… printemps prochain.

e. Nous saurons …………………… six mois si la loi est adoptée.

3. Exprimez condition et restriction. Complétez avec *à condition de/que – sauf si – seulement – si.*

a. .... la crise financière est stoppée, l'économie redémarrera.

b. Le chômage diminuera .... l'on réforme le marché du travail.

c. On pourra regagner des parts de marché .... avoir de bons produits.

d. L'effet de serre ne diminuera pas .... on utilise des véhicules plus propres.

e. C'est .... en développant les énergies renouvelables que l'on résoudra les problèmes écologiques de la planète.

Entraînement à l'oral

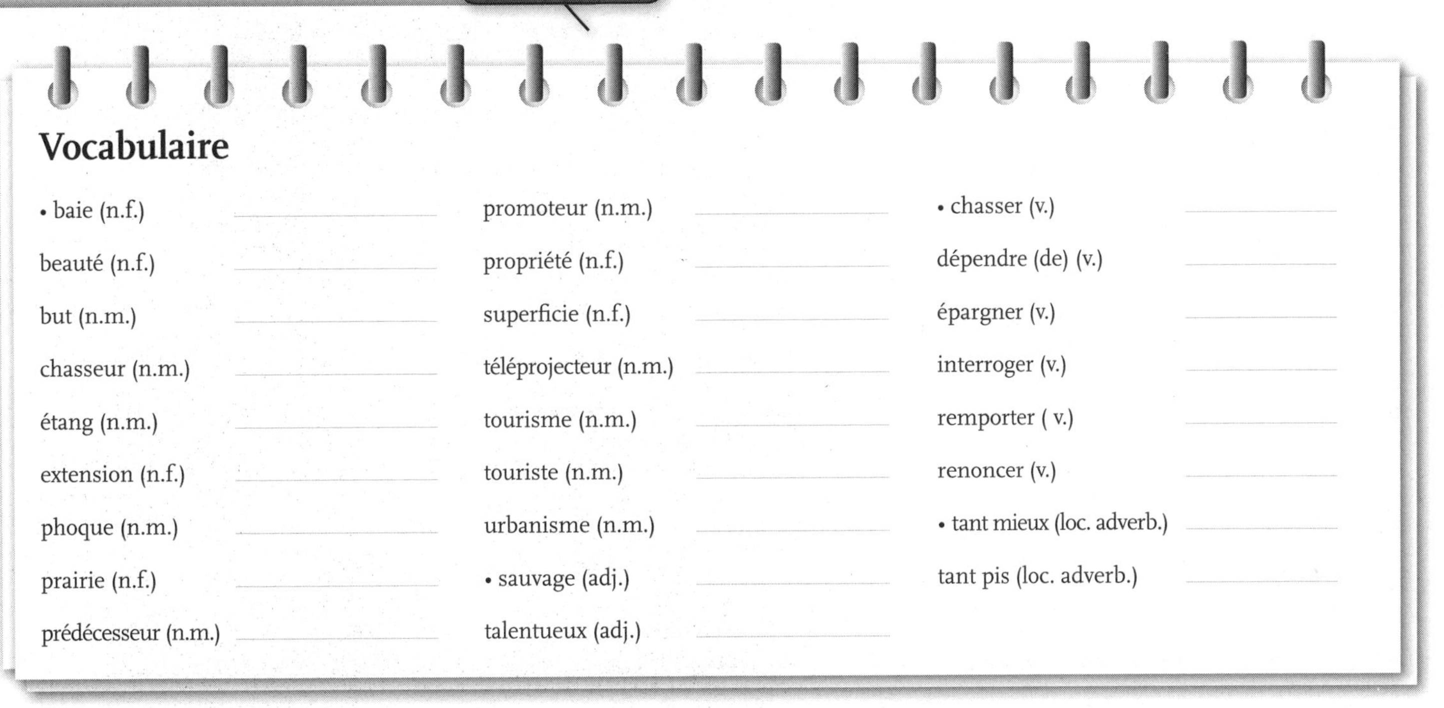

Vocabulaire

- • baie (n.f.) ....
- beauté (n.f.) ....
- but (n.m.) ....
- chasseur (n.m.) ....
- étang (n.m.) ....
- extension (n.f.) ....
- phoque (n.m.) ....
- prairie (n.f.) ....
- prédécesseur (n.m.) ....
- promoteur (n.m.) ....
- propriété (n.f.) ....
- superficie (n.f.) ....
- téléprojecteur (n.m.) ....
- tourisme (n.m.) ....
- touriste (n.m.) ....
- urbanisme (n.m.) ....
- • sauvage (adj.) ....
- talentueux (adj.) ....
- • chasser (v.) ....
- dépendre (de) (v.) ....
- épargner (v.) ....
- interroger (v.) ....
- remporter (v.) ....
- renoncer (v.) ....
- • tant mieux (loc. adverb.) ....
- tant pis (loc. adverb.) ....

Prononcez

1. 14 **Choisissez le film que vous avez envie de voir. Écoutez et notez.**

	[ɔ]	[ø]	[œ]
a.			
b.			
c.			
d.			
e.			
f.			
g.			
i.			
j.			

Vérifiez

2. Avez-vous bien compris l'histoire ? Répondez aux questions.

a. Où se trouve la baie de Somme ? ....

b. Quelles personnalités célèbres ont aimé cette région ? ....

c. Que fait Loïc Bertrand ? ....

d. Quel est son projet ? ....

e. Que fait Gaëlle Lejeune ? ....

f. Quel est son projet ? ....

g. Comment le maire du Crayeux présente-t-il sa commune ? ....

Parlez

3. 15 Proposez. Employez le futur antérieur.

a. On travaille puis on fait une pause ?

– Oui, on fera une pause quand on aura travaillé.

b. On fait une réunion puis on boit un café ?

....

c. On attend l'avis de la banque puis on décide ?

....

d. On observe la concurrence puis on fait notre choix ?

....

4. 16 Exprimez des conditions. Approuvez comme dans l'exemple.

Projets

a. On fera une randonnée si le temps le permet ?

– Oui, à condition que le temps le permette.

b. On ira au bord de la mer si ta voiture est réparée ?

....

c. On ira au théâtre si j'ai des places ?

....

d. On ira au restaurant « La Méditerranée » s'il est ouvert ?

....

Pages Écrits et Civilisation

Vocabulaire

armement (n.m.) ....
capacité (n.f.) ....
centrale nucléaire (n.f.) ....
coopération (n.f.) ....
exigence (n.f.) ....
filiale (n.f.) ....
gaz (n.m.) ....
globe (n.m.) ....
main-d'œuvre (n.f.) ....
milliard (n.m.) ....
mutation (n.f.) ....
nécessité (n.f.) ....
nougat (n.m.) ....
plaine (n.f.) ....
pourtour (n.m.) ....
télécommunication (n.f.) ....
vigne (n.f.) ....
• agroalimentaire (adj.) ....
âpre (adj.) ....
chimique (adj.) ....
compétitif (adj.) ....
énorme (adj.) ....
ferroviaire (adj.) ....
pharmaceutique (adj.) ....
sain (adj.) ....
solide (adj.) ....
• aboutir (v.) ....
affronter (v.) ....
alimenter (v.) ....
colleter (se) (v.) ....
concentrer (v.) ....
croître (v.) ....
maintenir (se) (v.) ....
moderniser (v.) ....
robotiser (v.) ....
satisfaire (v.) ....
targuer (se) (v.) ....
• à travers (prép.) ....
également (adv.) ....

1. Relisez l'article « Veolia : la mer à boire » et dites si ces affirmations sont vraies ou fausses.

	vrai	faux
a. Veolia a construit une usine de dessalement à Ashkelon.	☐	☐
b. Le coût de l'usine de Bahreïn est estimé à 167 millions.	☐	☐
c. Veolia n'a pas de concurrent dans le secteur du dessalement.	☐	☐
d. Veolia construira la prochaine centrale de Fujairah.	☐	☐
e. Près de 350 millions de personnes pourraient d'ici à 2010 consommer de l'eau de mer.	☐	☐
f. Les États du pourtour de la Méditerranée ne manqueront pas d'eau.	☐	☐
g. Les entreprises françaises dominent le secteur du dessalement.	☐	☐

2. Pour chaque secteur de l'économie, trouvez trois produits dans la liste.

a. industrie du luxe ....
b. industrie automobile ....
c. industrie électronique ....
d. industrie culturelle ....
e. industrie agroalimentaire ....
f. industrie chimique et pharmaceutique ....
g. industrie de l'armement ....

alarme	canon	disque	lessive	parfum	robot	téléphone
avion de chasse	conserve	foulard	médicament	plat préparé	sac	télévision
camion	désodorisant	fusil	moto	presse	surgelé	voiture

3. Remettez dans l'ordre les étapes de la commercialisation d'un produit.

a. Concevoir le nouveau produit
b. Emballer les produits commandés
c. Expédier les commandes
d. Expérimenter le produit
e. Fabriquer le produit en série
f. Faire une étude de marché
g. Imaginer le conditionnement
h. Lancer la publicité
i. Recevoir les commandes

Ordre : ____________________

Expliquez-moi

Vous allez apprendre à :

- ☑ exprimer la cause et la conséquence
- ☑ répondre à une demande d'explication
- ☑ faire connaissance avec les symboles et emblèmes de la France

Travail avec les pages Interactions

Vocabulaire

• bachelier (n.m.) ....
bague (n.f.) ....
brevet (n.m.) ....
calcaire (n.m.) ....
cartouche (n.f.) ....
chaleur (n.f.) ....
cocarde (n.f.) ....
constitution (n.f.) ....
coq (n.m.) ....
correspondance (n.f.) ....
discrimination (n.f.) ....
emballage (n.m.) ....
emblème (n.m.) ....
encre (n.f.) ....
filière (n.f.) ....
fonctionnement (n.m.) ....
imprimante (n.f.) ....
insecte (n.m.) ....
insigne (n.m.) ....
machin (n.m.) ....
mâle (n.m.) ....
raison (n.f.) ....
robinet (n.m.) ....
stabilité (n.f.) ....
territoire (n.m.) ....
triomphe (n.m.) ....
unité (n.f.) ....
• dû (être – à) (adj.) ....
expérimenté (adj.) ....
imprévu (adj.) ....
mûr (adj.) ....
noble (adj.) ....
pur (adj.) ....
privilégié (adj.) ....
rentable (adj.) ....
• briller (v.) ....
décrocher (v.) ....
élever (v.) ....
empêcher (v.) ....
énumérer (v.) ....
éternuer (v.) ....
maigrir (v.) ....
opter (v.) ....
refroidir (v.) ....
relever (v.) ....
• à propos de ....
en permanence (loc. adv.) ....
à la traîne (loc. adv.) ....

■ **Exprimer la cause**
être causé par
être dû à
être à l'origine de
venir de

■ **Exprimer la conséquence**
entraîner, provoquer ; rendre (+adj. qualificatif)
produire ; permettre

1. Complétez avec un verbe du tableau ci-dessus. Dans le premier paragraphe, exprimez la cause, puis dans le second, la conséquence.

a. Exprimer la cause

La mondialisation est à l'origine du projet de réforme de l'État.

Les changements importants qu'elle implique dans les organisations **sont à l'origine** de ce projet. Les dépenses importantes de l'État .... du nombre des fonctionnaires.

Le déficit budgétaire .... par le secteur public qui représente 25 % des emplois.

b. Exprimer la conséquence

La réforme de l'État **aura des conséquences** importantes.

D'abord elle .... de mieux organiser des services trop coûteux, comme le service des impôts.

Elle .... l'administration plus performante et plus adaptée.

Mais elle .... aussi la fermeture de services comme la poste dans les villages.

La suppression de ces services .... une baisse de la consommation. Ces suppressions .... des effets négatifs sur l'emploi.

Enfin, la réduction des services publics .... des changements difficiles dans les habitudes des Français.

2. Dites-le autrement. Utilisez les verbes de la liste de vocabulaire.

a. Il s'occupe bien de ses enfants. → Il **élève** bien ses enfants.

b. Cette étudiante réussit très bien ses études. → Elle ....

c. Il a réussi à son bac. → Il ....

d. Après le bac, il a choisi la filière universitaire. → Il .... pour une filière universitaire.

e. Le professeur a demandé leurs noms aux élèves de la classe. → Il ....

3. Dites-le autrement.

a. chercher un emploi → **chercher du travail**

b. embaucher du personnel → ....

c. licencier du personnel → ....

d. délocaliser une entreprise → ....

e. revendiquer une hausse de salaire → ....

f. prendre en compte les revendications → ....

4. Chassez l'intrus. Dites pourquoi le mot est intrus.

a. lycée – **cours préparatoire** – collège – université. (*« Cours préparatoire » n'est pas le nom d'un type d'école.*)

b. brevet – baccalauréat – classe préparatoire – licence. ....

c. IUT – grandes écoles – universités – école élémentaire. ....

d. élèves – professeurs – lycéens – étudiants. ....

5. Vrai ou Faux ? Relisez le texte de la page 59.

	vrai	faux
a. Les étudiants vont au collège.	☐	☐
b. Avec le bac, on peut entrer à l'université.	☐	☐
c. Après le lycée, on entre au collège.	☐	☐
d. Les IUT forment les techniciens supérieurs.	☐	☐
e. Les écoles paramédicales recrutent avec le baccalauréat.	☐	☐

6. Voici les qualités. Trouvez les défauts. Faites correspondre.

D'un élève on peut dire qu'il est...

a. bon	**1.** paresseux
b. travailleur	**2.** indiscipliné
c. réfléchi	**3.** distrait
d. discipliné	**4. mauvais**
e. attentif	**5.** étourdi / irréfléchi

Travail avec les pages Ressources

Vocabulaire

- conséquence (n.f.) ....
graine (n.f.) ....
- provoquer (v.) ....
- conséquent (par) (loc. adv.) ....
puisque (conj.) ....
sorte (de – que) (conj.) ....

1. Rédigez les causes et les conséquences de la pollution des villes. Pour chaque type de pollution, indiquez les causes et les conséquences. Utilisez les différents verbes et expressions du tableau de l'exercice 1 (Travail avec les pages Interactions).

Pollution des villes	Causes	Conséquences
a. Pollutions de l'air	gaz d'échappement	troubles respiratoires chez les enfants et les personnes âgées
b. Pollution par les déchets	• négligence des habitants • animaux domestiques : augmentation du nombre d'animaux porteurs de maladie (pigeons)	dégradation des monuments historiques
c. Pollution par le bruit	voitures, motos...	troubles psychologiques : stress, nervosité...

a. Dans les grandes villes, la pollution de l'air est due aux gaz d'échappement ....

b. ....

c. ....

2. Complétez en utilisant « car, comme, grâce à, parce que, puisque ».

Elle : Où tu vas ? Tu sors ?

Lui : Oui, je dois aller à la médiathèque .... j'ai un livre à rendre.

Elle : .... tu vas dans ce quartier, tu peux passer à l'agence de voyages ?

Lui : Pourquoi ?

Elle : .... ils m'ont appelé. Les billets sont prêts. .... tu passes devant, j'ai pensé que tu pouvais les prendre.

Lui : Comme ça, ... moi, tu n'auras pas besoin de sortir !

3. Distinguez : « parce que, pour, puisque ». Complétez.

Lui : Tu sais que François arrête ses études ?

Elle : Pourquoi ? .... faire du cinéma ?

Lui : Non, ... il veut voyager.

Elle : .... François arrête ses études, il va pouvoir m'aider à la boutique.

(Plus tard...)

Elle : Allô, François ? Tu peux passer à la boutique cet après-midi ?

François : Non, malheureusement.

Elle : Pourquoi ?

François : .... j'ai rendez-vous chez Interemploi.

Elle : .... tu passes chez Interemploi, tu peux regarder s'ils ont mis mon annonce ?

4. Connaître les bonnes raisons. Complétez la question. Variez les formes.

pourquoi – la cause de… – la raison de… – être dû à… – s'expliquer par…

Un bon chef d'entreprise

a. À quoi est due sa réussite ? **–** À son talent.

b. .... ses résultats ? – Par sa bonne gestion.

c. .... son succès ? – Sa connaissance du marché.

d. .... est-il si exigeant avec ses collaborateurs ? – Parce que c'est dans son caractère.

e. .... leur attachement ? – Il partage sa réussite avec eux.

Rappelez-vous

La relation de conséquence

■ La conséquence introduite par un mot grammatical : ***donc – par conséquent – c'est pourquoi – de sorte que***

■ La conséquence est exprimée par un verbe :
- conséquences négatives : ***causer – provoquer***
- conséquences positives : ***permettre***
- conséquences positives ou négatives : ***créer – produire – entraîner – rendre* + adjectif**
- conséquences non réalisées : ***empêcher***

5. Reliez causes et conséquences en utilisant l'expression ou le verbe entre parenthèses.

Entendu dans une réunion de parents d'élèves

a. On utilise de nouvelles méthodes de lecture. → Les élèves sont en retard dans leur apprentissage. (*entraîner*)

→ **L'utilisation de nouvelles méthodes de lecture entraîne des retards dans l'apprentissage.**

b. Les élèves manquent de sommeil. → Leur attention baisse. (*provoquer*)

→ ....

....

c. Les bons et les mauvais élèves sont mélangés dans la même classe. → Les élèves défavorisés progressent. (*permettre*)

→ ....

....

d. Les heures de français ont diminué. → Le travail des professeurs de français est plus difficile. (*rendre* + adjectif)

→ ....

....

e. Les garçons jouent beaucoup aux jeux vidéo. → Ils ne travaillent plus. (*empêcher*)

→ ....

....

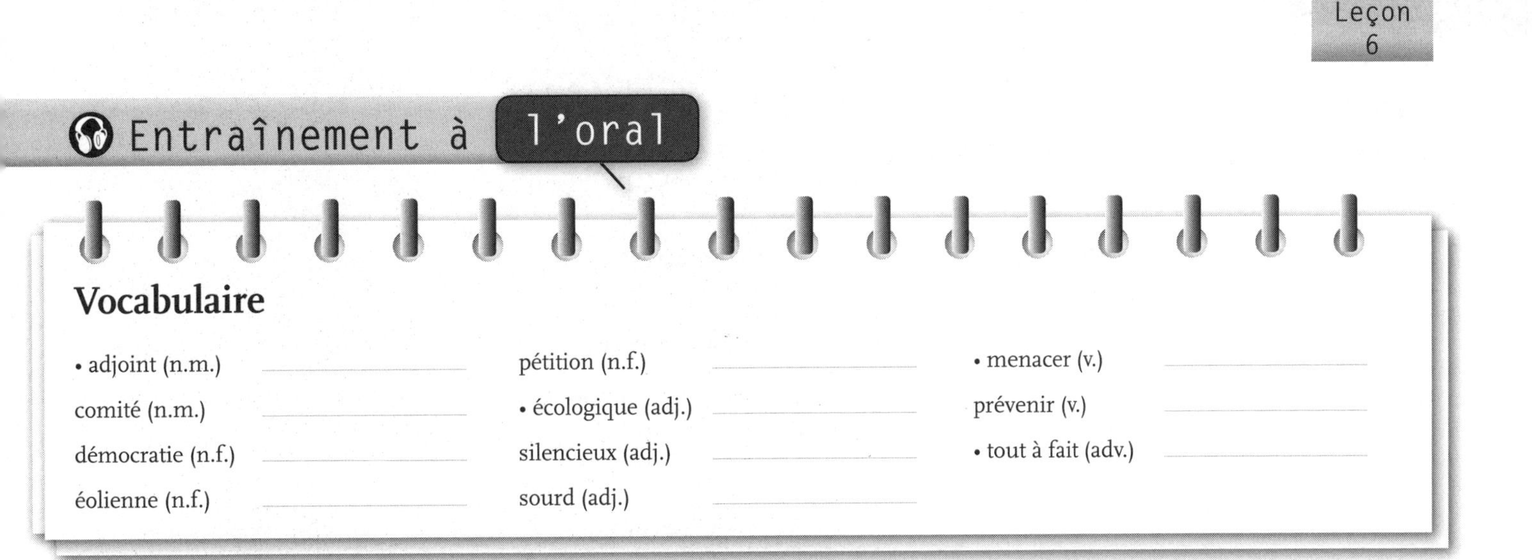

Entraînement à l'oral

Vocabulaire

- adjoint (n.m.) ……
comité (n.m.) ……
démocratie (n.f.) ……
éolienne (n.f.) ……
pétition (n.f.) ……
- écologique (adj.) ……
silencieux (adj.) ……
sourd (adj.) ……
- menacer (v.) ……
prévenir (v.) ……
- tout à fait (adv.) ……

Prononcez

1. 17 Écoutez et notez.

	[ã]	[na]
a.		
b.		
c.		
d.		
e.		
f.		
g.		

Vérifiez votre compréhension

2. Avez-vous bien compris l'histoire ? Répondez aux questions.

a. Quel projet Yasmina vient-elle présenter ? ……

b. Quels sont les avantages de ce projet pour Le Crayeux ? ……

c. Pourquoi Labrousse est-il contre ? ……

d. Quel autre choix critique-t-il également ? ……

e. Comment Labrousse va-t-il organiser l'opposition au projet ? ……

3. 18 **Écoutez. Marie lit le journal. Elle informe son ami. Trouvez la rubrique correspondant à chaque information. (À faire après le travail des pages Écrits et Civilisation.)**

a. Politique intérieure ……

b. Politique européenne ……

c. Économie ……

d. Enseignement ……

e. Faits divers ……

f. Sport ……

g. Météo ……

h. Sorties ……

Parlez

4. 19 Utilisez « puisque ». Faites comme l'autre.

a. Je vais au cinéma. Tu viens ?

– Puisque tu vas au cinéma, j'y vais.

b. Je vais déjeuner. Tu viens ?

– ....

c. Je reste à la maison. Tu restes ?

– ....

d. Je sors ce soir. Tu sors ?

– ....

e. Je pars en Espagne cet été. Tu pars avec moi ?

– ....

Pages Écrits et Civilisation

Vocabulaire

- • allié (n.m.)
- amphi(théâtre) (n.m.)
- annulation (n.m.)
- aspiration (n.f.)
- barrière (n.f.)
- bouddhiste (n.m.)
- combat (n.m.)
- conflit (n.m.)
- conviction (n.f.)
- délégation (n.f.)
- devise (n.f.)
- distinction (n.f.)
- enseignant (n.m.)
- fraternité (n.f.)
- grève (n.f.)
- grogne (n.f.)
- hymne (n.m.)
- indépendance (n.f.)
- juif (n.m.)
- musulman (n.m.)
- manifestation (n.f.)
- militant (n.m.)
- opposant (n.m.)
- promesse (n.f.)
- providence (n.f.)
- race (n.f.)
- réorganisation (n.f.)
- résistance (n.f.)
- sénat (n.m.)
- site (n.m.)
- synonyme (n.m.)
- traité (n.m.)
- versant (n.m.)
- • capital (adj.)
- colonial (adj.)
- indivisible (adj.)
- partiel (adj.)
- protecteur (adj.)
- rentable (adj.)
- solennel (adj.)
- scolarisé (adj.)
- stable (adj.)
- tricolore (adj.)
- visible (adj.)
- • adhérer (v.)
- agir (s') (v.)
- approuver (v.)
- cesser (v.)
- consacrer (v.)
- considérer (v.)
- cristalliser (v.)
- décentraliser (v.)
- découler (v.)
- défiler (v.)
- devancer (v.)
- envisager (v.)
- établir (v.)
- exclure (v.)
- garantir (v.)
- manifester (v.)
- ôter (v.)
- reclasser (v.)
- revendiquer (v.)
- trancher (v.)
- voiler (v.)

1. Les syndicats. Complétez avec un verbe de la liste de vocabulaire ci-dessus.

a. Muriel a .... à un syndicat.

b. Avec ses collègues elle .... un meilleur salaire.

c. Elle n' .... pas la politique de délocalisation de l'entreprise.

d. Elle .... les inégalités sociales.

e. Elle veut que les emplois soient ....

2. Retrouvez les documents de la page 64 où l'on parle des sujets suivants. Notez les causes de ces événements :

a. l'opposition au mariage pour tous : ....

b. la fermeture partielle d'un site sidérurgique : ....

c. la grève des fonctionnaires : ....

d. l'annulation d'un jugement sur un licenciement : ....

3. Retrouvez dans « Clés pour comprendre la France » (p. 65) :

a. les couleurs du drapeau : ....

b. le nom de l'hymne national : ....

c. la devise de la République : ....

d. le principe de la République : ....

e. les mots qui caractérisent la République française : ....

4. Un(e) ami(e) vous pose les questions suivantes. Répondez-lui.

a. Il y a beaucoup de catholiques pratiquants en France ?

....

b. C'est vrai qu'il y a beaucoup d'employés de l'État ?

....

c. Quels métiers font ces employés de l'État ?

....

d. Pourquoi les Français sont-ils si attachés au travail fait par les employés de l'État ?

....

e. Pourquoi de Gaulle est-il célèbre ?

....

Unité 2

Leçon 7

À vous de juger

Vous allez apprendre à :

- ☑ enchaîner les idées
- ☑ rédiger des lettres de demandes et de réclamations
- ☑ utiliser le subjonctif passé

Travail avec les pages Interactions

Vocabulaire

• anorexie (n.f.) ______
autorité (n.f.) ______
critère (n.f.) ______
défaite (n.f.) ______
défilé (n.m.) ______
dictature (n.f.) ______
faucheur (n.m.) ______
génétique (n.f.) ______
insulte (n.f.) ______
interdiction (n.f.) ______
luxe (n.m.) ______
maïs (n.m.) ______
maître (n.m.) ______
mannequin (n.m.) ______
militant (n.m.) ______
pirate (n.m.) ______
présence (n.f.) ______
retouche (n.f ;) ______
taille (n.f.) ______
terrain (n.m.) ______
tribunal correctionnel (n.m.) ______
• filiforme (adj.) ______
maigre (adj.) ______
transgénique (adj.) ______
• cultiver (v.) ______
désobéir (v.) ______
défier (v.) ______
interdire (v.) ______
juger (v.) ______
lancer (v.) ______
protester (v.) ______
prouver (v.) ______
réagir (v.) ______
refuser (v.) ______
• tout de même (adv.) ______

1. Délits et justice. Remettre dans l'ordre l'histoire de l'arrestation et de la condamnation de Louis.

a. Le procès de Louis a eu lieu deux mois après.
b. La police a mené une enquête.
c. Louis a cambriolé une bijouterie.
d. Louis a été interpellé.
e. Le bijoutier a porté plainte à la police.
f. Il a été condamné à six mois de prison.
g. Louis a été accusé de vol d'objets de valeur.

Ordre : ______

2. Donnez les informations de l'exercice 1 sans employer de verbe.

1. Cambriolage d'une bijouterie
2. ______
3. ______
4. ______
5. ______
6. ______
7. ______

3. Qui fait quoi ?

la police – le tribunal – la victime – le coupable – le délinquant – le juge d'instruction.

a. .... commet un délit.

b. .... porte plainte.

c. .... interroge les suspects.

d. .... instruit l'affaire et inculpe.

e. .... juge.

f. .... est condamné.

4. Rapportez un discours argumenté : complétez avec les verbes de la liste suivante.

annoncer – développer – déclarer – présenter – prononcer – avouer – dénoncer.

a. À l'occasion du premier anniversaire de son élection, le président de la République .... un discours à la télévision.

b. Il .... la poursuite des réformes et il .... les projets du gouvernement.

c. Il .... les attitudes conservatrices de l'opposition.

d. Il .... que la loi sur les augmentations d'impôts n'avait pas été bien comprise.

e. Enfin, il .... qu'il ne changerait pas de Premier ministre.

Travail avec les pages Ressources

Vocabulaire

- collection (n.f.) ....
- coloré (adj.) ....
- raccourcir (v.) ....

originalité (n.f.) ....

1. Exprimez une impression : mettez les verbes entre parenthèses au subjonctif passé.

a. Je suis contente que tu (*réagir*) **aies réagi**.

b. Je suis heureux que tu (*juger*) .... utile de ne pas lui redonner la parole.

c. J'ai peur qu'il (*dénoncer*) .... notre manœuvre.

d. Je regrette que vous (*ratifier*) n' .... pas .... les décisions.

e. Je suis déçu qu'ils (*sortir*) .... avant que nous (*finir*) .... de parler.

Rappelez-vous

Le subjonctif passé

■ **Le subjonctif passé** s'emploie quand l'action du verbe se situe **avant** une autre action.
Je voudrais que tu finisses ton travail. (maintenant)
Je pars. Quand je reviendrai, je voudrais que tu ***aies fini*** *ton travail.* (action qui se situe avant celle de « revenir »)

■ **Forme du subjonctif passé**
« avoir » ou « être » au subjonctif + participe passé
Il faut...

que j'aie fini	que je sois allé(e)
que tu aies fini	que tu sois allé(e)
qu'il/elle ait fini	qu'il/elle soit allé(e)
que nous ayons fini	que nous soyons allé(e)s
que vous ayez fini	que vous soyez allé(e)(s)
qu'ils/elles aient fini	qu'ils/elles soient allé(e)s

■ **Emplois**
– Quand on formule une demande ou un souhait par anticipation :
Il faut que les travaux ***soient terminés*** *avant l'été.*
– Quand on exprime un sentiment, une opinion, un doute sur quelque chose qui a peut-être eu lieu :
J'ai peur, je regrette, je doute qu'il ***ait plu*** *pendant leur séjour au bord de la mer.*
– Après toutes les expressions qui sont suivies du subjonctif (*avant que, pour que, à condition que, bien que...*) :
Il a quitté la réunion avant que le directeur ***ait fini*** *son exposé.*

2. Projet de film. Mettez les verbes à la forme qui convient.
Quand je reviendrai cet été...

a. j'aimerais que tu (*terminer*) **aies terminé** le scénario.
b. je voudrais que Laure et Lucien (*lire*) .... ce scénario.
c. j'aimerais aussi que nous (*résoudre*) .... le problème des droits d'adaptation.
d. je voudrais que vous (*trouver*) .... un producteur.
e. il faudrait que vous (*aller*) .... repérer les lieux de tournage.
f. il faudrait que le producteur (*s'occuper*) .... du budget.

3. Forum d'opinions. Reliez les deux phrases en utilisant « bien que ».

a. Je suis contre les OGM. Je ne suis pas d'accord avec ses manifestations violentes.
→ **Bien que** je sois contre les OGM, je ne suis pas d'accord avec ses manifestations violentes.
b. Nous n'avons pas d'animaux. Nous sommes scandalisés par le commerce des animaux.
→ ....
c. J'écoute souvent de la musique sur l'Internet. Je suis contre le téléchargement pirate.
→ ....
d. Je ne suis pas fumeur. Je trouve injuste qu'on n'embauche pas quelqu'un parce qu'il est fumeur.
→ ....
e. Je n'aime pas qu'on interdise. Je suis pour l'interdiction de laisser défiler des mannequins anorexiques.
→ ....

4. Exprimez l'opposition. Reliez les deux phrases en employant l'expression entre parenthèses.

a. Éric est solitaire. Il travaille dans les relations publiques. (*bien que*)

→ **Bien qu'Éric soit solitaire, il travaille dans les relations publiques.**

b. On ne le voit jamais travailler. Il rend ses travaux à l'heure. (*quand même*)

→ ……………………………………………………

c. Il est moins diplômé que les autres. Il est plus compétent. (*alors que*)

→ ……………………………………………………

d. Je luis dis de rester chez lui pendant le week-end. Il vient au bureau pendant le week-end. (*même si*)

→ ……………………………………………………

e. Il critique souvent ses collègues. Il les défend toujours devant son directeur. (*pourtant*)

→ ……………………………………………………

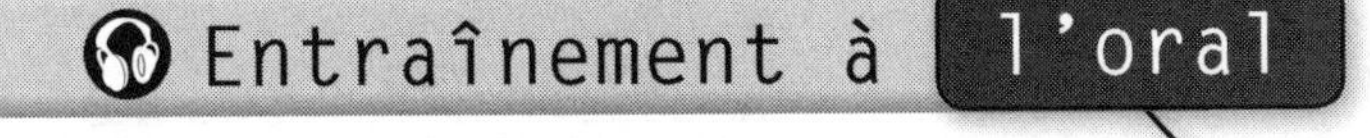

Entraînement à l'oral

Vocabulaire

- • centaine (n.f.) ……………
- choc (n.m.) ……………
- consigne (n.f.) ……………
- coque (n.f.) ……………
- dégradation (n.f.) ……………
- dérogation (n.f.) ……………
- marée (n.f.) ……………
- tract (n.m.) ……………
- vendeur (n.m.) ……………
- vitre (n.f.) ……………
- • facultatif (adj.) ……………
- • déconseiller (v.) ……………
- dispenser (v.) ……………
- goûter(v.) ……………
- obéir (v.) ……………
- pêcher (v.) ……………
- taguer (v.) ……………
- tolérer (v.) ……………
- • en option ……………

Prononcez

1. 20 Ruptures. Écoutez et notez.

	[y]	[ø]	[i]	[u]
a.				
b.				
c.				
d.				
e.				
f.				

Vérifiez votre compréhension

2. Avez-vous bien compris l'histoire ? Répondez aux questions.

a. Dans la scène1, pourquoi Gérard Labrousse est-il allé voir Gaëlle ? ……………

b. Pour quelles raisons Gaëlle refuse-t-elle la demande de Gérard Labrousse ? ……………

c. Que préparent les défenseurs des éoliennes ? ……………

d. Que s'est-il passé à la mairie pendant la nuit ? ……………

e. Le maire accuse Labrousse. Pourquoi Labrousse n'est-il pas coupable ? ……………

3. 21 **Écoutez ces courtes scènes et complétez le tableau.**

	Où se passe la scène ?	Que demande-t-on ?	Quelle est la réponse ?
a.			
b.			
c.			
d.			

Pages Écrits et Civilisation

Vocabulaire

- • abonné (n.m.) ……………
- arrondissement (n.m.) ……………
- assistance (n.f.) ……………
- calcul (n.m.) ……………
- conciliateur (n.m.) ……………
- échéance (n.f.) ……………
- hôtelier (n.m.) ……………
- interruption (n.f.) ……………
- médiateur (n.m.) ……………
- naturalisation (n.f.) ……………
- office de tourisme (n.m.) ……………
- plainte (n.f.) ……………
- réclamation (n.f.) ……………
- remboursement (n.m.) ……………
- report (n.m.) ……………
- responsabilité (n.f.) ……………
- syndicat d'initiative (n.m.) ……………
- thème (n.m.) ……………
- visage (n.m.) ……………
- • concerné (adj.) ……………
- défectueux (adj.) ……………
- fixe (adj.) ……………
- inoubliable (adj.) ……………
- juridique (adj.) ……………
- mensuel (adj.) ……………
- oriental (adj.) ……………
- préférable (adj.) ……………
- reconnaissant (adj.) ……………
- • accéder (v.) ……………
- comporter (v.) ……………
- orienter (v.) ……………
- parvenir (faire) (v.) ……………
- solliciter (v.) ……………
- • actuellement (adv.) ……………
- auprès de (prép.) ……………

1. Dans les lettres de la page 72, relevez les informations nécessaires pour compléter le tableau.

	Manière de formuler la demande	Type de correspondant (commercial, administratif, amical)
Lettre 1		
Lettre 2		
Lettre 3		
Lettre 4		

2. Formulez la phrase de demande dans les contextes suivants.

a. demande de documents pour obtenir un permis de séjour (au consulat de France)

b. demande de remboursement de billets de train à cause d'un retard important du train

c. demande d'envoi par Internet des photos du week-end en Alsace (aux amis avec qui vous avez passé le week-end)

d. demande de réparation de serrure (au propriétaire de l'appartement que vous louez)

3. Dans la lettre ci-dessous, repérez les éléments suivants.

a. nom et coordonnées de la personne qui écrit
b. nom et coordonnées du destinataire
c. qualité du destinataire
d. date
e. objet de la demande
f. formulation de la demande
g. justification de la demande
h. formule de remerciement
i. formules de politesse
j. pièce(s) jointe(s)

Lise MICHELET
25 rue Berlioz
38260 LA CÔTE-SAINT-ANDRÉ

a.

Programme Guyane française
WWF FRANCE
151, boulevard de la Reine
78000 VERSAILLES

La Côte-Saint-André, le 15 mars 2013

Candidature à un poste de volontaire pour le programme Guyane.

Madame, Monsieur,

J'ai appris que vous aviez un programme de protection de la faune en Guyane française et que vous engagiez des volontaires pour les mois de juillet et d'août.
Je suis étudiante en deuxième année de l'École vétérinaire de Maisons-Alfort et je m'intéresse tout particulièrement à la faune tropicale et en particulier aux reptiles et aux tortues.
Je suis donc tout particulièrement intéressée par votre programme et souhaiterais y participer en tant que volontaire pendant l'été.
J'aimerais toutefois connaître les conditions matérielles du séjour (hébergement, nourriture, vaccinations, horaires). Pourriez-vous me dire également qui prend en charge les frais de transport ?
Je vous remercie par avance de votre réponse et, en espérant travailler bientôt pour votre organisation, je vous prie d'agréer, Madame, Monsieur, l'expression de mes meilleurs sentiments.

[signature]

P.J. : curriculum vitae

4. À votre tour, rédigez une demande à un service administratif (choisissez une situation que vous risquez de rencontrer).

Leçon 8

C'est l'idéal !

Vous allez apprendre à :

- ☑ parler des habitudes et des traditions
- ☑ enchaîner des idées
- ☑ utiliser les pronoms relatifs composés et les constructions avec deux pronoms

Travail avec les pages Interactions

Vocabulaire

• agglomération (n.f.) ....
cabane (n.f.) ....
circulation (n.f.) ....
convivialité (n.f.) ....
crèche (n.f.) ....
déchet (n.m.) ....
échange (n.m.) ....
équipement (n.m.) ....
foyer (n.m.) ....
intervention (n.f.) ....
membre (n.m.) ....
municipalité (n.f.) ....
ordure (n.f.) ....
panne (n.f.) ....
parcelle (n.f.) ....
périphérie (n.f.) ....
piéton (n.m.) ....
pionnier (n.m.) ....
prévention (n.f.) ....
redevance (n.f.) ....
solidarité (n.f.) ....
solitude (n.f.) ....
soutien (n.m.) ....
stationnement (n.m.) ....
tiers (n.m.) ....
tri (n.m.) ....
usager (n.m.) ....
voie (n.f.) ....
volume (n.m.) ....
• cyclable (adj.) ....
communautaire (adj.) ....
humanitaire (adj.) ....
idéal (adj.) ....
municipal (adj.) ....
• charger (se) (v.) ....
disposer (v.) ....
élever (s') (v.) ....
engager (s') (v.) ....
encadrer (v.) ....
intégrer (v.) ....
enrayer (v.) ....
ménager (v.) ....
préserver (v.) ....
responsabiliser (v.) ....
taxer (v.) ....
• parfaitement (adv.) ....

1. Recherchez dans les articles des pages 74 et 75 les initiatives suivantes :

Types d'initiative	Où les trouve-t-on ?	En quoi consistent ces initiatives ?
écologie		
urbanisme		
social		
déplacements		

2. Les lieux de la ville. Où va-t-on pour (dans certains cas, plusieurs réponses sont possibles) :

a. faire garder son enfant de huit mois → ……

b. envoyer un colis à un ami → ……

c. se faire soigner en urgence → ……

d. prendre le métro → ……

e. emprunter un livre → ……

f. nager → ……

g. faire du sport → ……

h. prier → ……

i. se marier → ……

j. se détendre et se promener → ……

3. Chassez l'intrus. Dites pourquoi c'est un intrus.

a. isoler – polluer – trier des déchets – récupérer l'eau de pluie. ……

b. tramway – métro – vélo – automobile. ……

c. échange de service – délinquance – soutien scolaire – association pour l'alphabétisation. ……

d. pistes cyclables – voies piétonnes – installations sportives – boulevard périphérique. ……

e. agglomération – ville – village – banlieue. ……

4. Complétez avec les verbes de la liste de vocabulaire.

a. Notre ville est de plus en plus polluée. Il faut …… cette augmentation.

b. Dans son dernier discours le maire s'est …… à résoudre ce problème.

c. Il a l'intention de …… les voitures polluantes.

d. Il entend …… les automobilistes.

e. Il veut …… l'environnement.

Travail avec les pages Ressources

Rappelez-vous

Utiliser les pronoms relatifs

■ Le relatif remplace **une personne** : **préposition + *qui***
*J'ai rencontré l'ami **à qui** tu as prêté ta voiture.*

■ Le relatif remplace **une chose** :
– ***auquel** (**à laquelle, auxquels, auxquelles**)*
*le livre **auquel** je me réfère...* (Je me réfère à ce livre)
*L'action **à laquelle** je participe...*
*Les thèmes **auxquels** je m'intéresse...*
*Les relations **auxquelles** tu penses...*
– **préposition + *lequel*** (***laquelle, lesquels, lesquelles***)
*Voici l'appartement **dans lequel** j'ai grandi.*
*La compagnie **pour laquelle** il travaille...*
*Les amis **sans lesquels** nous ne nous serions pas connus...*
– ***duquel** (**de laquelle, desquels, desquelles**)*
*Voici le monument à côté **duquel** j'habite.*

1. Complétez avec un pronom relatif.

Le maire d'une ville parle d'un projet de construction de tramway.

a. C'est un projet **auquel** je tiens beaucoup.

b. Le tramway est un moyen de transport .... on ne pourrait plus circuler.

c. C'est une réalisation .... la Région va participer.

d. Pour le trajet, nous avons fait des choix .... les résidents ont participé.

e. Je voudrais remercier les comités de quartier .... ce projet n'aurait pas vu le jour.

2. Caractérisez. Reliez les deux phrases avec le pronom relatif qui convient.

a. Ce soir j'ai invité des amis. J'ai visité la Sicile avec eux. → Ce soir j'ai invité les amis **avec lesquels** j'ai visité la Sicile.

b. Ce sont d'excellents amis. Je me sens bien avec eux.

→ ....

c. Ludovic a terminé sa thèse. Il travaillait sur cette thèse depuis quatre ans.

→ ....

d. Claudia a eu un poste. Elle rêvait de ce poste. Il y avait cinquante candidats pour ce poste.

→ ....

e. Bérengère est venue avec Romain. Elle ne peut pas vivre sans lui.

→ ....

3. Au musée... Complétez avec un pronom relatif.

Lui : On va voir l'exposition Nicolas de Staël ? Elle est présentée à l'étage .... est juste au-dessus.

Elle : Oh ! oui, je veux bien. Nicolas de Staël est un peintre .... j'aime beaucoup les tableaux.

Lui : Je vais te montrer un tableau .... j'aime particulièrement. Son titre est *Le Concert*. C'est un tableau .... le peintre a représenté trois masses colorées. Il y a un piano noir et des pages de musique à côté .... on voit une contrebasse. C'est une toile à propos .... on pourrait dire beaucoup de choses.

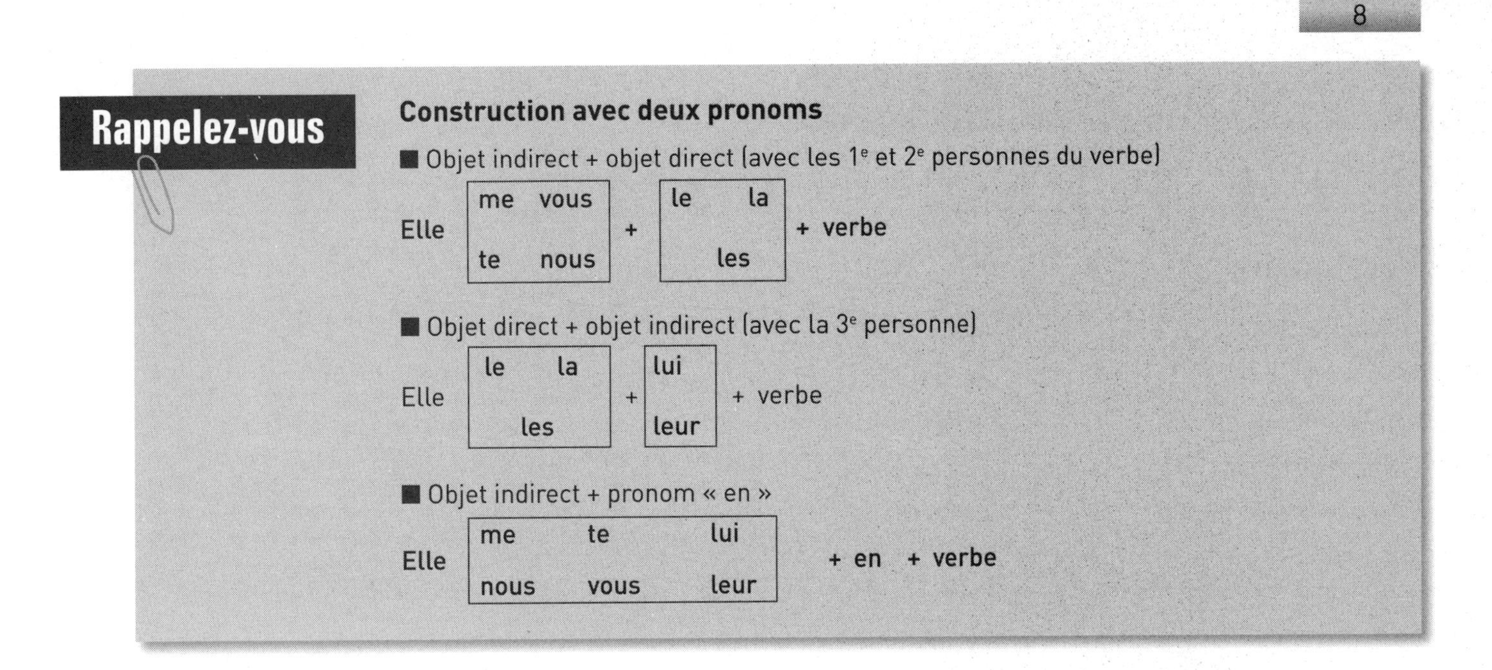

Rappelez-vous

Construction avec deux pronoms

■ Objet indirect + objet direct (avec les 1e et 2e personnes du verbe)

Elle | me, vous, te, nous | + | le, la, les | + verbe

■ Objet direct + objet indirect (avec la 3e personne)

Elle | le, la, les | + | lui, leur | + verbe

■ Objet indirect + pronom « en »

Elle | me, te, lui, nous, vous, leur | + en + verbe

4. Répondez pour elles en utilisant la construction avec deux pronoms.

Deux mères parlent de leurs enfants.

a. Tu laisses regarder la télé à tes enfants jusqu'à 10 h ?

– Oui, je la leur laisse regarder jusqu'à 10 h.

b. Tu expliques le travail du collège à tes enfants ?

– Oui, ...

c. Tu interdis les jeux vidéo à ton fils ?

– Non, ...

d. Tu donnes des conseils à ta fille ?

– Oui, ...

e. Tu donnes des vitamines à tes enfants ?

– Non, ...

5. Répondez en utilisant le passé composé avec deux pronoms.

a. Est-ce que le patron t'a présenté le nouvel associé ?

– Oui, il me l'a présenté.

b. Est-ce qu'il t'a dit où aurait lieu la réunion ?

– Oui, ...

c. Est-ce qu'il t'a proposé de déjeuner avec eux ?

– Oui, ...

d. Tu lui as donné les dossiers ?

– Oui, ...

e. Est-ce qu'il t'a dit quand il les étudierait ?

– Non, ...

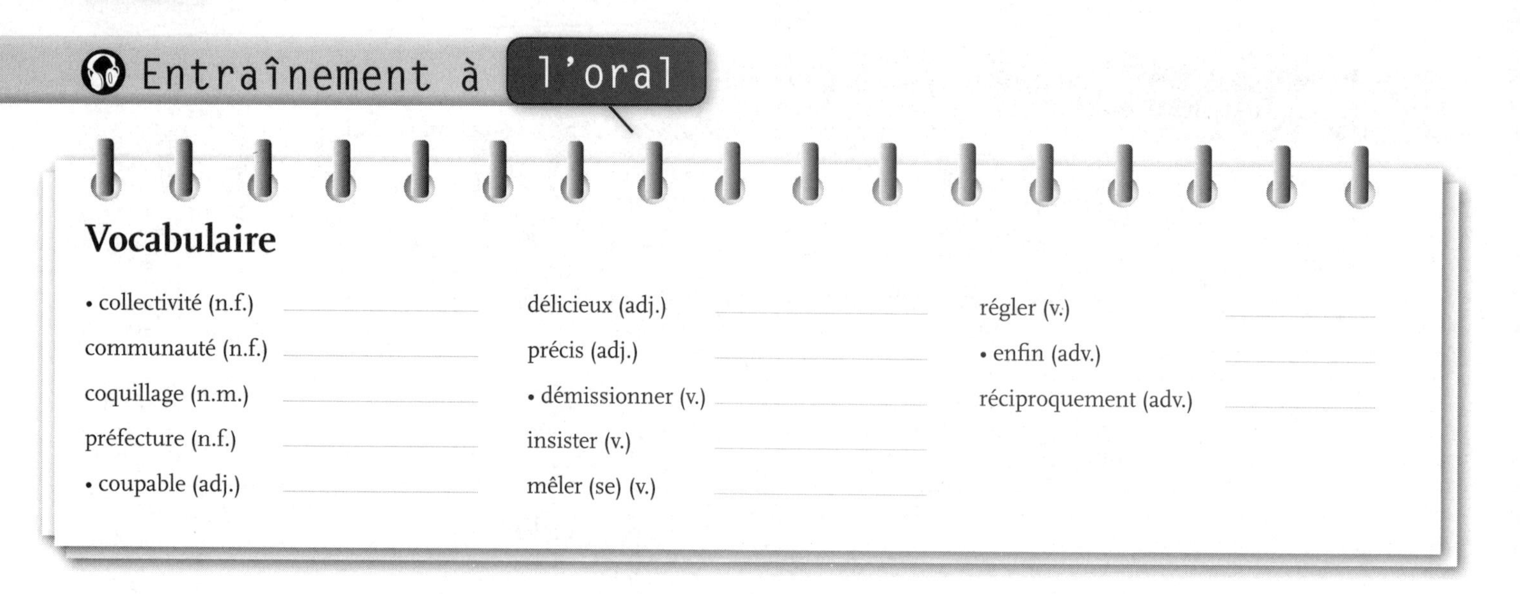

Vérifiez votre compréhension

1. Avez-vous bien compris l'histoire ? Répondez aux questions.

a. Qu'est-ce que Yasmina apprend à Loïc ? ……………………

b. Qui est l'auteur des dégradations à la mairie ? ……………………

c. Quel est l'objet de la réunion à la Préfecture ? ……………………

d. Quelle solution propose la Préfète ? ……………………

e. Est-ce que les coupables ont été condamnés ? ……………………

Parlez

2. 22 Répondez au passé composé comme dans l'exemple.

a. Tu as dit à François que je passerai le prendre ? **– Oui, je le lui ai dit.**

b. Tu lui as parlé du voyage ? – Oui, ……………………

c. Tu lui as montré l'itinéraire ? – Oui, ……………………

d. Tu lui as fait la proposition ? – Oui, ……………………

e. Il t'a donné sa réponse ? – Non, ……………………

3. 23 Répondez au futur comme dans l'exemple.

Un ami généreux

a. Il te prêtera sa voiture ? **– Oui, il me la prêtera.**

b. Il prêtera ses skis à Paul ? – Oui, ……………………

c. Il prêtera son téléphone portable à sa fille ? – Oui, ……………………

d. Il prêtera son bateau à ses amis ? – Oui, ……………………

e. Il nous prêtera sa maison ? – Oui, ……………………

Pages Écrits et Civilisation

Vocabulaire

- âme (n.f.)
amuse-gueule (n.m.)
calcium (n.m.)
convivialité (n.f.)
écorce (n.f.)
embarquement (n.m.)
feutre (n.m.)
guerrier (n.m.)
guitare (n.f.)
herbe (n.f.)
magnésium (n.m.)
massage (n.m.)
mosaïque (n.f.)
prêtre (n.m.)
radis (n.m.)
rhumatisme (n.m.)
son (n.m.)
souper (n.m.)
source (n.f.)
sulfate (n.m.)
temple (n.m.)
villageois (n.m.)
- cardiaque (adj.)
romantique (adj.)
royal (adj.)
vêtu (adj.)
- accoster (v.)
bénir (v.)
dérouler (se) (v.)
diriger (se) (v.)
fasciner (v.)
flotter (v.)
improviser (v.)
louper (fam.) (v.)
pénétrer (v.)
rajeunir (v.)
tatouer (v.)
unir (v.)
- bizarrement (adv.)
réellement (adv.)

1. Vrai ou faux ? C'est tellement mieux ailleurs. Relisez les articles des pages 80-81.

	vrai	faux
• *En Espagne*		
a. L'après-midi, on commence à travailler vers 17 h.	☐	☐
b. On dîne le soir vers 22 h.	☐	☐
• *À Budapest*		
c. Il y a plus de cent sources d'eau chaude.	☐	☐
d. Les Bains Gellért sont décorées d'œuvres d'art.	☐	☐
• *En Pologne*		
e. On prend un petit déjeuner très varié.	☐	☐
• *Au Québec*		
f. On aime se réunir le soir entre amis autour d'un feu de bois.	☐	☐
g. Chacun apporte son panier repas.	☐	☐
• *À Tahiti*		
h. La cérémonie de mariage se déroule en tahitien.	☐	☐
i. Les mariés choisissent les noms tahitiens de leurs futurs enfants.	☐	☐

2. Relevez dans les différents articles les mots qui appartiennent à la réalité de chaque pays et donnez-en la définition en vous aidant du dictionnaire.

a. Espagne : **les tapas (petites portions de plats variés)**

b. Québec :

c. Pologne :

d. Tahiti :

3. **Voici des spécialités gastronomiques que les Français ont importées : dites quel est leur pays ou région d'origine ?**

a. le hamburger: **États-Unis**

b. la pizza : ....

c. le tajine : ....

d. le tsaziki : ....

e. le couscous : ....

f. la fejoa : ....

g. le strudel : ....

h. la crème brûlée : ....

i. le tiramisu : ....

• Compréhension de l'oral

1. 24 et 25 **Écoutez les deux documents sonores puis répondez.**

Document 1 – Écoutez puis cochez la ou les bonnes cases.

1. Les Français...

☐ **a.** passent leurs vacances en Alsace. ☐ **b.** passent leurs vacances en France. ☐ **c.** passent leurs vacances loin de chez eux.

2. La destination...

☐ **a.** la plus recherchée est le Sud. ☐ **b.** parmi les plus recherchées, l'Ile-de-France. ☐ **c.** la plus proche est la Suisse.

3. Le type de séjour préféré :

☐ **a.** chez les amis ☐ **b.** chez les parents ☐ **c.** à l'hôtel ou dans une location

Document 2 – Écoutez puis répondez aux questions en cochant les bonnes cases ou en écrivant l'information.

1. Il s'agit :

☐ **a.** d'une émission de télévision ☐ **b.** d'un reportage radio ☐ **c.** d'une interview

2. Dans ce document...

☐ **a.** on fait la promotion des sites Internet d'accès aux bons de réduction.
☐ **b.** on témoigne du succès des sites d'accès aux bons de réduction.
☐ **c.** on indique le mode d'emploi des sites d'accès aux bons de réduction.

3. Citez trois noms de sites Internet d'accès à des bons de réduction. ....

4. Citez deux marques qui ont créé des sites d'accès à des bons de réduction. ....

• Compréhension des écrits

Invitation au voyage : des romans pour guides...

Destination vacances : mettez-les dans votre poche ; ils vous parleront autrement des régions, villes, pays que vous avez choisis comme lieux de vacances. Tour de France.

• **Bretagne :** *Le Cheval d'orgueil* / Pierre-Jakez Hélias
Cheval d'orgueil, c'est le surnom qu'une mère donnait à son fils, valet de ferme chargé des chevaux, dans cette saga qui a pour cadre un bourg du Finistère sur la baie d'Audierne au début du XXe siècle.

• **Limousin :** *Le Pain noir* /Georges-Emmanuel Clancier
Suite romanesque qui plonge le lecteur dans la région Limousin, *Le Pain noir* retrace le destin de Catherine, bergère illettrée qui va traverser toute une époque, tour à tour servante, ouvrière, puis mère et enfin cette grand-mère à qui son petit-fils apprend à lire.

• **Provence :** *Une année en Provence* /Peter Mayle
Le rêve de beaucoup : acheter une fermette en Provence et y passer le plus clair de son temps. Vivre au rythme des cafés, des marchés, des vendanges ou de la pétanque. La Provence au jour le jour entre humour (anglais bien sûr) et anecdotes.

• **Jura :** *Malataverne* / Bernard Clavel
Au cœur de ce pays de montagnes et de forêts, dans cette terre difficile où la vie se gagne à la sueur de son front, Malataverne raconte l'histoire de trois adolescents venus de milieux différents et la chute de l'un d'eux, Robert, le paysan, celui qui croyait changer le cours de sa vie à Malataverne.

• **Bourgogne :** *La Billebaude* / Henri Vincenot
La billebaude, ça veut dire partir à l'aventure, et pour l'auteur suivre son grand-père bourguignon dans les bois de la marquise de Ségur, l'accompagner dans l'exercice singulier de cette chasse interdite qu'on appelle le braconnage. Suivre la vie au rythme de celle du village, c'est-à-dire au rythme des parties de chasse, des repas de fêtes et des rencontres où les choses sont lentes à se dire...

1. À quel roman appartient chacun de ces personnages ?

a. Catherine : ....

b. Robert : ....

c. Cheval d'orgueil : ....

2. Associez ces noms de lieu à une région.

a. Bois de Ségur : ....

b. Baie d'Audierne : ....

c. Malataverne : ....

3. Dites si c'est vrai ou faux.

a. La billebaude est un plat cuisiné. ....

b. Le Pain noir est une région du Limousin. ....

c. Cheval d'orgueil est le surnom d'un personnage. ....

4. Associez ces activités aux différentes régions.

a. Vendanges : ....

b. Parties de chasse : ....

c. Garde de bétail : ....

d. Élevage des chevaux : ....

• Production écrite

Vous participez à un forum de discussion sur Internet concernant la manière dont chacun peut individuellement contribuer à freiner l'effet de serre, voire à inverser la tendance.
Dites en 180 mots si cela vous paraît souhaitable, possible et comment.

• Production orale

Se préparer au monologue suivi.

ATTENTION À L'EFFET DE SERRE

Un changement climatique est bien en cours : il est lié à l'activité de l'homme, responsable de l'augmentation des émissions de gaz à effet de serre.

« Il n'y a plus de saisons »… ce lieu commun est en train de devenir réalité : des hivers trop doux, des étés trop chauds, des printemps trop secs, les 400 scientifiques du Groupe intergouvernemental d'experts sur l'évolution du climat (GIEC) l'attestent, eux qui ont étudié aussi bien la fonte des glaces de l'Antarctique que la production du gaz méthane par les rizières. Et de constater que les oiseaux hivernent au nord, que les pommiers fleurissent un mois plus tôt en Normandie et que les vendanges prennent quinze jours d'avance en Champagne.

Comment en est-on arrivé là ? « L'essentiel de l'accroissement observé sur la température moyenne globale depuis le milieu du XXe siècle est très vraisemblablement dû à l'augmentation observée des gaz à effet de serre », analysent les experts. Et de les nommer : « dioxyde de carbone dû à l'utilisation des combustibles fossiles et au changement d'utilisation des terres ; méthane, protoxyde d'azote dus à l'agriculture ».

Le réchauffement est donc bien là. Une seule solution pour y faire face, modifier nos habitudes : chercher à nous alimenter, à nous déplacer, à nous loger en polluant moins ; ce qui veut dire éteindre la lumière quand on quitte une pièce, mieux isoler son appartement ou sa maison, préférer quand c'est possible le bus à la voiture, le vélo au scooter. Tout cela suppose que chacun agisse avec conviction pour le bien commun. Car c'est l'avenir des générations futures qui est en jeu.

1. Lisez le titre et notez le problème qu'il introduit.

2. Lisez le chapeau de l'article et notez les précisions qu'il apporte.

3. L'article part d'un constat. Lequel ?

4. L'article illustre ce constat. Relevez les différents exemples.

5. L'article donne une explication. Laquelle ? Notez-la.

6. L'article propose des solutions. Lesquelles ?

7. Et maintenant, à vous ! Qu'en pensez-vous ?

☐ C'est important.
☐ Ce n'est pas une priorité.
☐ Cela m'intéresse.
☐ Cela me choque.
☐ Cela me donne envie d'agir.

8. À votre avis, que faut-il donc faire et pourquoi ?

Unité 3

Leçon 9

On s'adapte !

Vous allez apprendre à :

- ☑ vous adapter à de nouvelles situations
- ☑ demander, insister, refuser
- ☑ placer l'adjectif avant ou après le nom
- ☑ rédiger une lettre de demande

Travail avec les pages Interactions

Vocabulaire

• caméléon (n.m.) ……………
code (n.m.) ……………
compatriote (n.m.)
comportement (n.m.)
diplomate (n.m.)
nostalgique (n.m.)
• rigide (adj.)
• acquérir (v.)
bavarder (v.)
débrouiller (se) (v.)
risquer (v.)
• purement (adv.)

1. Vérifiez votre compréhension : relevez dans le test (p. 90 du Livre de l'élève) les questions qui se rapportent :

a. au travail : **1.** ……………

b. aux loisirs : ……………

c. aux contacts : ……………

d. aux habitudes : ……………

2. Lisez les témoignages (p. 91). Pour chaque personne retrouvez les informations suivantes :

	1	2
Nom	Akira Suzuki	
Nationalité		
Activité		
Ce qu'ils ont conservé de leur pays d'origine		

3. Lisez les expressions suivantes et dites si elles reflètent une bonne adaptation ou un rejet.

	Bonne adaptation	Rejet
a. Je suis curieux de tout.	☐	☐
b. J'ai appris à mieux les connaître.	☐	☐
c. Je ne m'y ferai jamais.	☐	☐
d. J'aime bien leur manière de travailler.	☐	☐
e. Je ne supporte pas leur humour.	☐	☐
f. Je n'ai pas envie de faire des efforts.	☐	☐

4. S'adapter : complétez avec les verbes suivants :
Se débrouiller – comprendre – arriver à – s'habituer à – acquérir.
Préparation du permis de conduire

a. Je .... mieux les instructions du moniteur.
b. Je .... sa manière d'enseigner.
c. Je .... pour conduire en ville.
d. J' .... de bons réflexes.
e. Je n' .... pas à faire les créneaux.

5. Qu'est-ce que c'est ?
Une tradition – une habitude – un mode de vie – une façon de vivre – une coutume.

a. Au 1er janvier, on se souhaite la bonne année. ....
b. Il se lève tous les jours à 7 h. ....
c. Les chrétiens fêtent Pâques et les juifs la Pâque. ....
d. Une majorité de Français regardent le journal télévisé de 20 h en dînant. ....
e. Les immigrés apportent d'autres relations à l'espace et au temps. ....

Travail avec les pages Ressources

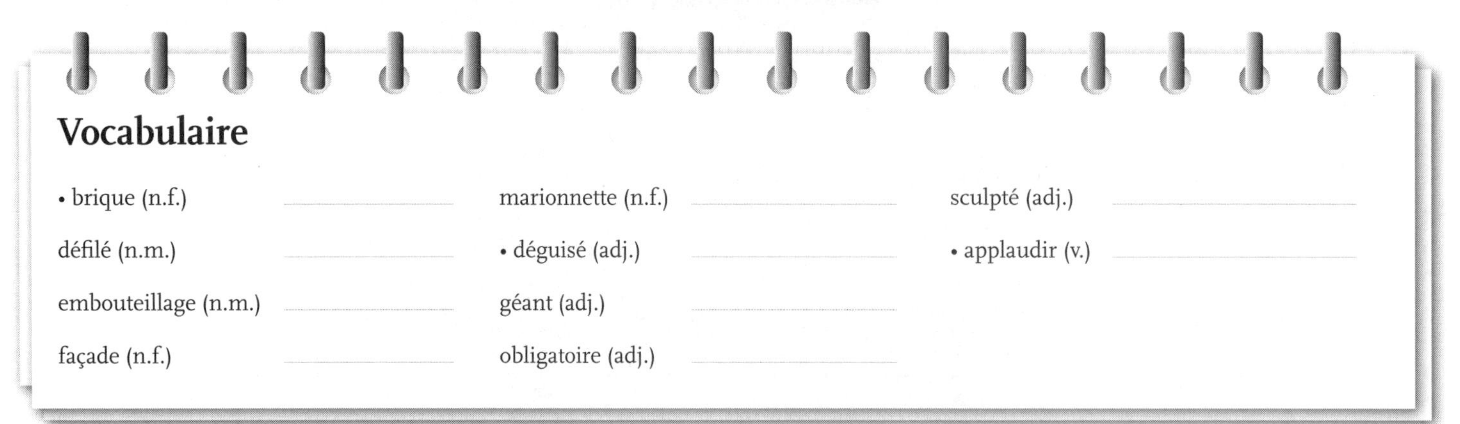

Vocabulaire

• brique (n.f.) ....
défilé (n.m.) ....
embouteillage (n.m.) ....
façade (n.f.) ....
marionnette (n.f.) ....
• déguisé (adj.) ....
géant (adj.) ....
obligatoire (adj.) ....
sculpté (adj.) ....
• applaudir (v.) ....

C'est à savoir

Pour présenter ou identifier

■ **Placer la personne ou la chose dans une catégorie (ou classe)**

• Personne(s) ou chose(s) différenciées ou comptables → article indéfini
*C'est **un** arbre. – Ce sont **des** employés.*

• Personne(s) ou chose(s) indifférenciées (présentés comme des ensembles non comptables) → article partitif
*Ce n'est pas **de l'**amour, c'est **de la** tendresse.*

■ **Préciser ou caractériser la catégorie**
*C'est **une** employée sympathique.*

■ **Quand la personne ou la chose sont uniques ou spécifiques, on emploie l'article défini.**
*Ce sont **les** employés de l'usine.*

1. Identifier : complétez les mini-dialogues.

a. – Je suis malade, je cherche un médecin...

– Va chez le docteur Lalou, c'est .... bon médecin.

b. – Vous connaissez Sonya ?

– Oui, c'est .... bonne professeure de français du centre culturel.

c. – Les Bachir viennent dîner ce soir, vous aimeriez les rencontrer ?

– Oh oui, ce sont .... personnes vraiment intéressantes.

d. – Vous connaissez le réalisateur de ce film ?

– C'est .... femme ; c'est .... réalisatrice qui a remporté le César du meilleur film.

e. – Vous savez que François a une nouvelle petite amie ? C'est .... jeune femme brune, très jolie.

– C'est .... fille brune qui était avec lui l'autre soir ?

2. Questions de goût : complétez avec *c'est* ou *il/elle est*.

– *Mesrine*, ... vraiment un film passionnant ?

– Oui, et puis Vincent Cassel joue vraiment très bien, ... formidable.

– En plus, ... une histoire vraie.

– Oui, ... l'histoire sanglante d'un personnage peu sympathique.

– J'ai lu aussi son livre, ... très violent.

– .... intéressant de comparer les deux.

– Mais .... un assassin ! .... inacceptable de faire de ce type un héros.

3. Souvenirs : caractérisez les mots en gras avec l'adjectif entre parenthèses.

a. (*belle*) C'était une **belle journée** d'août.

b. (*isolé*) Nous avions choisi un **village** pour ces premières vacances passées ensemble. (*vieille*) Nous avions loué une **maison** très bien restaurée avec (*ombragée*) une **terrasse** où nous déjeunions.

c. (*jeune, charmant*) Là nous avons rencontré un **couple** d'Italiens qui, comme nous, cherchait à passer (*tranquilles*) des **vacances**.

d. (*différente*) Tous les jours nous allions sur une **plage** : un soir, la voiture tomba en panne d'essence. (*vieux*) Un **paysan** accepta de nous aider. Il nous emmena dans la maison où il vivait : (*typique*) c'était une **maison** de la région d'où nous avons pu téléphoner. (*grillé*) La soirée s'est terminée autour de **poissons** et (*délicieux, blanc, local*) d'un **vin**.

4. Retrouvez le titre de ces livres ou films : placez l'adjectif comme il convient.

a. (*belle*) Une fille comme moi → ....

b. (*rouges*) La Femme aux bottes → ....

c. (*magique*) La Montagne → ....

d. (*rasé*) L'Homme au crâne → ....

e. (*beau*) masque → ....

f. (*fabuleux*) Le Destin d'Amélie Poulain → ....

g. (*sentimentales*) Les Destinées → ....

h. (*effroyables*) jardins → ....

i. (*long*) Un dimanche de fiançailles → ....

j. (*meilleur*) Mon ami → ....

k. (*vieille*) Une maîtresse → ....

Prod DB © Tapioca Production / DR
UN LONG DIMANCHE DE FIANCAILLES de Jean-Pierre Jeunet 2004
affiche française

5. Lisez le document suivant, faites la liste des adjectifs et placez-les dans le tableau ci-dessous. Dites pourquoi. Relisez le tableau page 93 du Livre de l'élève : cas général – restriction (couleur, forme, nationalité, religion) – nature (participe) – construction (adjectif suivi d'un complément) – type (court, fréquent) – associations particulières.

BOURG-EN-BRESSE, un espace **d'eau** et **de verdure**

À deux kilomètres du centre-ville, Bouvent offre une plage surveillée, un coin pêche, une base nautique, une plaine de jeux, des circuits pédestres, un snack-bar, un espace pique-nique, un golf.

Sur le green. Seul golf public du département, le golf municipal de Bourg-Bouvent occupe 25 hectares. Ouvert aux débutants comme aux joueurs confirmés, il propose un parcours neuf trous, un practice couvert et un golf compact urbain de six trous destiné aux débutants.

Coup de pagaie. Toute l'année, « Bourg Canoë kayak eaux vives » propose une multitude d'activités : école de pagaie « enfant », « adulte », sorties de week-end, stages tous niveaux pour tous les âges.

Dans la cible. Les beaux jours revenus, plus d'une centaine d'archers de la Compagnie de tir à l'arc s'entraînent sur les cibles de Bouvent.

Passion voile. Fondé en 1985 par une poignée de passionnés, le Club nautique de Bourg-Bouvent invite à goûter ou approfondir la pratique de la planche à voile, du catamaran, du dériveur ou de l'optimist... grâce à des cours, sorties et stages.

Pêche en eau douce. Cent vingt pêcheurs réguliers fréquentent le plan d'eau de Bouvent alimenté par la Reyssouze. Ici, la pêche est bonne et les prises courantes.

La base de loisirs de Bouvent est aujourd'hui reliée au centre-ville par une liaison verte, voie piétonne ou cyclable.

Après le nom	Avant le nom

6. 26 et 27 **Travaillez vos automatismes.**

a. Corrigez.

C'est pas beau. → Ce n'est pas beau.

C'est pas bien. → ……

C'est pas pareil. → ……

b. Répondez de manière familière.

C'est bon ? → Non, c'est pas bon.

C'est drôle ? → ……

C'est obligatoire ? → ……

Travail avec les pages Simulation

Vocabulaire

- agression (n.f.)
- chantage (n.m.)
- dépression (n.f.)
- déroulement (n.m.)
- législation (n.f.)
- offensive (n.f.)
- provocation (n.f.)
- rémunération (n.f.)
- ultimatum (n.m.)
- conventionnel (adj.)
- sacro-saint (adj.)
- viré (adj.)
- supplier (v.)
- officiellement (adv.)

Vérifiez votre compréhension

1. Relisez le dialogue extrait du film *Ce soir, je dors chez toi* (p. 94) et répondez aux questions.

a. Quels sont les métiers d'Alex et de Jacques ?

b. Qui est Lætitia ?

c. Que veut-elle ?

d. Qu'est-ce qu'Alex propose à Jacques ?

e. Quel est l'objet du chantage ?

2. Insister, refuser, demander, s'excuser : que font-ils ?

a. – On peut se voir ? **demander**

– Non, ça ne peut pas attendre ?

– Je regrette, j'ai déjà un rendez-vous.

b. – Je comprends... mais je ne pourrais pas vous livrer avant la semaine prochaine.

– Mais ce n'est pas possible, j'en ai besoin mercredi au plus tard. Enfin, il doit bien y avoir un moyen.

– Je vais voir ce que je peux faire mais n'y comptez pas.

c. – Enfin, j'ai une réservation et vous me dites que l'avion est complet ! Vous voulez vérifier, s'il vous plaît ?

– J'ai déjà vérifié, je suis désolé.

– Nous allons faire ce que nous pouvons pour vous faire partir sur un autre vol.

– Mais enfin, j'ai un client qui m'attend ! Ça, vous vous en fichez derrière votre guichet.

3. Mettez cette lettre dans l'ordre.

a. Je sais que vous êtes très sollicité mais j'ai regardé avec attention la programmation de votre établissement et je crois que vos objectifs rejoignent ceux que je poursuis dans mon projet.

b. Je vous prie d'agréer, Monsieur, l'expression de mes meilleures salutations.

c. Je suis en master 2 de management interculturel et j'ai l'obligation de faire un stage de 400 heures.

d. Si vous accédez à ma demande – ce que j'espère fortement –, vous aurez fait le choix d'un stagiaire immédiatement en phase avec les projets culturels que vous développez.

e. N'hésitez pas à m'appeler, je suis disponible pour tout entretien que vous jugeriez utile.

Ordre de la lettre :

Parlez

4. Demander, insister, refuser : complétez avec les expressions suivantes :
Je t'en supplie – tu pourrais – désolé – j'aimerais – il faut absolument.

a. Tu pourrais m'apporter le dossier du projet d'exposition. J'.. que tu me l'apportes tout de suite.

b. Je peux te demander un service ? Tu .... aller chercher notre invité à l'aéroport ?

c. Allez, viens, tu verras, on passera une belle journée. .... que tu viennes !

d. Je ...., viens pour me faire plaisir.

e. ...., j'ai ce projet d'exposition à terminer.

5. Savoir dire non : complétez ce dialogue avec les expressions suivantes :
Je n'en ai pas du tout l'intention – j'ai quand même le droit de refuser – je regrette – non, je n'en ai pas envie – désolé, je ne peux pas.

a. On va au cinéma ce soir ? ....

b. Alors on se voit pour prendre un verre ? ....

c. Mais tu m'avais promis qu'on se verrait. ....

d. Alors, comme ça, tu changes d'avis sans prévenir ! ....

e. Et sans t'excuser ! ....

6. Remettre quelqu'un à sa place : faites correspondre.
Occupe-toi de tes affaires ! – Tu as fini de râler... – Calme-toi et sois poli ! – Mauvaise langue.

a. Mais qu'est-ce qu'on fait là ? Qui a eu cette idée ? Regarde... tout est laid ; tu les as vus, ces gens sont sinistres.

....

b. Tu te tais et tu m'écoutes... Ça suffit comme ça.

....

c. Qu'est-ce qui s'est passé ? Il paraît que tu l'as mis dehors.

....

d. Tu sais qu'elle le trompe avec un garçon beaucoup plus jeune qu'elle... Il paraît même qu'elle lui fait des cadeaux, l'emmène en voyage...

...., tu as appris ça où ?

Écoutez

7. 28 Écoutez le document sonore « À retenir : les bonnes adresses de Malika » et répondez aux questions.

a. Vous venez d'entendre :
☐ un reportage radio ☐ une publicité gastronomique ☐ un reportage touristique

b. La reporter parle de son sujet :
☐ de façon positive ☐ en donnant des informations
☐ comme une spécialiste ☐ avec l'intention de stimuler l'attention de l'auditeur

c. La reporter parle :
☐ d'une école professionnelle ☐ d'une boutique alimentaire ☐ d'une boutique de décoration

d. Identifiez ce que l'on peut acheter dans la boutique :
☐ des voyages ☐ des bijoux ☐ des pâtisseries ☐ des vêtements
☐ des fruits ☐ du thé ☐ du café ☐ des tissus

e. Quelles informations pratiques avez-vous entendu :

le nom de la boutique : ....

la ville : ....

le quartier : ....

la rue : ....

Analysez

8. Lisez puis répondez aux questions.

Société

Le rôle délicat des beaux-parents

En France, un couple sur trois se sépare, un sur deux en région parisienne. Du coup le nombre d'enfants vivant dans des familles monoparentales, mais aussi recomposées, ne cesse de progresser. Confrontée de plus en plus dans sa pratique professionnelle à ces situations, Catherine Jousselme, professeur de psychiatrie de l'enfant et de l'adolescent à Paris-Sud (Orsay), vient de publier un livre pour « *répondre au défi de la famille recomposée* ».

Car l'aventure de cette nouvelle vie commune nécessite un minimum de préparation. En 1999, selon les dernières statistiques de l'Insee (Institut national des statistiques et des études économiques), on comptait déjà 1,6 million d'enfants vivant dans des familles recomposées, soit près de 9 % de l'ensemble des jeunes de moins de 25 ans contre 7,3 % en 1990. Si ces situations ont tendance à se banaliser, cela ne signifie pas pour autant qu'elles soient faciles à vivre et que les relations entre beaux-parents et beaux-enfants aillent de soi.

« *Les enfants peuvent avoir un mouvement de tristesse, connaître un conflit de loyauté vis-à-vis de l'autre parent qui sera d'autant plus fort que celui-ci est seul ou que le conflit entre les parents perdure* », explique Catherine Jousselme. Cette reconfiguration les confronte à la séparation définitive de leurs parents qu'ils ont souvent rêvé de réunir à nouveau.

Autant de raisons d'avancer pas à pas, de prendre le temps de s'apprivoiser au travers de sorties, de visites, sans vouloir forcer les choses. « *Les enfants ne sont pas obligés d'aimer leur beau-parent, il est important de le leur dire* », assure-t-elle. Quant aux beaux-parents, « *ils doivent s'armer de patience car ils risquent d'être le lieu de projection de beaucoup d'agressivité* », poursuit Catherine Jousselme. Les attaques du type « *toi, t'es gros* », « *t'es moche* », « *j'ai pas besoin d'une belle-mère* », « *t'es pas mon père* », etc., ne sont pas rares. Difficile de rester stoïque face à ces attaques blessantes. Et pourtant, le beau-parent doit dépasser sa propre souffrance et répondre avec calme. « *Tout cela demande un amour très fort dans le couple et une grande détermination. Il faut que l'enfant expérimente le fait que son beau-parent est fiable* », considère Catherine Jousselme.

Il existe de multiples configurations de familles recomposées. Sylvie Cadolle, sociologue, maître de conférences à Paris XII-Créteil, a analysé les relations entre beaux-enfants et beaux-parents au sein de soixante familles recomposées, entre 1996 et 1997. Dans un tiers des cas, les relations étaient franchement mauvaises, dans un autre tiers, bonnes, enfin dans le tiers restant, faibles et plutôt indifférentes. « *D'une manière générale, les témoignages des jeunes faisaient état de situations moins bonnes que ceux des adultes* », précise la sociologue.

Les choses ont d'autant plus de chances de bien se passer que les enfants sont très jeunes et que le beau-père ne cherche pas, avec des enfants plus âgés, à imposer d'emblée son autorité. « *S'il se présente avec l'idée de refaire l'éducation de l'enfant, il a très peu de chances d'être admis comme légitime* », précise Sylvie Cadolle.

L'exercice de l'autorité est probablement un des aspects les plus problématiques de la recomposition familiale. L'autre parent biologique, en cas de conflit, peut saper totalement l'autorité du beau-parent. Dans ce cas, l'enfant risque d'avoir des problèmes de comportement. « *Beaucoup de femmes préfèrent exercer seules l'autorité pour préserver de bonnes relations entre beau-père et bel-enfant, constate la sociologue, mais ça n'est pas forcément très bon car elles se retrouvent seules à imposer les contraintes éducatives.* »

Le Monde, 12/08/2008.

a. Caractérisez les enfants dont parle l'article.

Les parents de ces enfants sont ________. Ils doivent vivre avec ________.

Leurs relations avec ________ sont quelquefois ________.

b. Retrouvez qui sont Catherine Jousselme et Sylvie Cadolle et ce qu'elles ont fait.

- Catherine Jousselme : ________
- Sylvie Cadolle : ________

c. Retrouvez dans l'article à quoi correspondent ces chiffres.

- Un sur trois : ________
- 1,6 million : ________
- 9 % : ________
- 60 : ________
- 1/3 : ________

d. Entourez ou surlignez avec des couleurs différentes les passages :

- qui parlent des problèmes des enfants de familles recomposées ;
- qui donnent des conseils aux beaux-parents.

Unité 3

Leçon 10

Intéressez-les !

Vous allez apprendre à :

- ☑ situer une action dans le passé
- ☑ maîtriser les temps du récit au passé
- ☑ donner une opinion

Travail avec les pages Interactions

Vocabulaire

• aval (n.m.) ....
bénéfice (n.m.) ....
consultation (n.f.) ....
démarche (n.f.) ....
illusionnisme (n.m.) ....
maladresse (n.f.) ....
marge (n.f.) ....
nappe (n.f.) ....
type (n.m.) ....
voyante (n.f.) ....
• épouvantable (adj.) ....
raté (adj.) ....
sceptique (adj.) ....
• coincer (v.) ....
concentrer (se) (v.) ....
enchaîner (v.) ....
prétendre (v.) ....
résister (v.) ....
faire une scène (loc. verb.) ....
• visiblement (adv.) ....

1. Vérifiez votre compréhension : relisez les quatre récits (p. 98-99 du Livre de l'élève) et recherchez les informations suivantes :

	Où ?	Qui ?	Quoi ?
Rencontre de personnes extraordinaires (1 – C'était dans le TGV...)			
Rencontre de personnes extraordinaires (2 – Au mariage d'un cousin...)			
Il y a des gens formidables			
Dans la vie comme à la scène			

2. Retrouvez dans les récits les mots qui peuvent être associés à une personne ou à un événement extraordinaire.

Adjectifs	Noms	Verbes

3. Complétez avec les mots de l'exercice précédent.

a. J'ai appris une nouvelle .... que j'ai immédiatement racontée à tous mes amis.

b. Dès que Vincent a aperçu Marion, au pot de rentrée, il a .... sur elle. Il est allé lui parler et a eu un véritable coup de foudre. Il ....

c. Le jour de son anniversaire, Vincent a dit à Marion de fermer les yeux. Elle était tout .... Comme dans un numéro d' .... , elle s'est retrouvée avec un collier de perles.

4. Complétez avec les mots de la liste.

Épouvantable – extraordinaire – incroyable – intéressant – sceptique.

a. Marie pense que Dupont fera un très bon maire de la ville. C'est vrai. Il a des idées .... mais je ne crois pas à son succès. Je suis ....

b. Loïc raconte des choses .... , des histoires à dormir debout. Il dit que les nuits de pleine lune il se produit des événements .... et que des monstres .... se promènent dans la campagne.

5. Sentiments : associez un adjectif abstrait et un verbe concret.

Déborder – tomber – trépigner – sauter – trembler.

a. .... amoureux

b. .... de joie

c. .... d'enthousiasme

d. .... de peur

e. .... de colère

Travail avec les pages Ressources

Vocabulaire

• affrontement (n.m.) ....

gouvernante (n.f.) ....

maîtresse (n.f.) ....

• débarrasser (se) (v.) ....

dérouler (se) (v.) ....

dissoudre (v.) ....

emprisonner (v.) ....

engager (v.) ....

manifester (v.) ....

paralyser (v.) ....

C'est à savoir

Les temps du récit au passé

- **Le passé composé** → pour les informations principales, celles qu'on veut mettre au premier plan.
- **L'imparfait** → pour les commentaires, les états, les actions habituelles ou répétitives.
- **Le plus-que-parfait** → pour les événements qui se sont produits avant les actions principales.
- **La forme *venir* à l'imparfait + participe passé** → pour les événements qui se sont produits juste avant les actions principales.

N.B. À n'importe quel moment d'un récit au passé, on peut remplacer le passé composé et l'imparfait par le présent ou le plus-que-parfait par le passé composé pour rendre les actions plus présentes.

1. Lisez le texte de la chanson de Barbara, « Nantes », et complétez le tableau.

Nantes

[...]
Un matin comme celui-là
Il y a juste un an déjà
La ville avait ce teint blafard
Lorsque je sortis de la gare
Nantes m'était alors inconnue
Je n'y étais jamais venue
Il avait fallu ce message
Pour que je fasse le voyage
[...]
Vingt-cinq, rue de la Grange-aux-Loups
Je m'en souviens du rendez-vous
Et j'ai gravé dans ma mémoire
Cette chambre au fond d'un couloir.
Assis près d'une cheminée
J'ai vu quatre hommes se lever
La lumière était froide et blanche
Ils portaient l'habit du dimanche.
Je n'ai pas posé de questions
À ces étranges compagnons
J'ai rien dit mais à leur regard
J'ai compris qu'il était trop tard

Paroles et musique de Barbara, éditions Métropolitaines.

Actions principales du récit	**Au passé composé :**
	Au passé simple :
Circonstances, état, commentaires (à l'imparfait)	
Événements qui se sont produits avant (au plus-que-parfait)	
Verbes en relation avec le moment où l'on parle	

2. Racontez. Complétez en mettant les verbes aux temps du passé qui conviennent.

Accident de baignade

Je me souviens très bien de la date de l'accident. C'était un 1er août. Nous (*aller*) .... nous baigner, Isabella et moi. Il (*faire*) .... un temps splendide. Nous (*descendre*) .... tous les deux sur la plage. Moi, je (*ne pas se baigner*) .... tout de suite. Isabella (*ne pas être*) .... contente car elle (*avoir*) .... très envie de nager. Le sable (*commencer*) .... à chauffer. Je (*retarder*) le moment d'y aller. Je (*finir*) .... par dire à Isabella : « On y va ? » Je (*plonger*) .... L'eau (*être*) .... très froide. C'est alors que je (*se sentir*) .... mal. Puis, je (*s'évanouir*) .... Quand je (*se réveiller*) .... , Isabella (*asseoir*) .... à côté de moi à l'hôpital et me (*tenir*) .... la main.

3. Transformez à la forme passive.

a. Le journal m'a engagé comme journaliste en 1968.

....

b. Les manifestations des étudiants avaient impressionné le gouvernement.

....

c. La suspension des négociations avait exaspéré les syndicats.

....

d. La majorité avait abandonné le gouvernement.

....

e. L'opposition avait demandé la démission du Premier ministre.

....

4. Se situer dans le temps : complétez avec un indicateur de la liste suivante :

Aujourd'hui – récemment – hier – au début des années ... – à cette époque-là

a. ...., j'ai fait des découvertes intéressantes en montant au grenier.

b. J'ai retrouvé une malle contenant de nombreux documents qui avait été posée là .... 1960.

c. ...., mon cousin avait dû quitter pour cause de grave maladie le pays d'Afrique où il travaillait, puis il était mort.

d. ...., au moment où je vous écris, je suis en train de classer les photos qu'il a prises dans le désert mauritanien.

e. ...., je suis allé chez un spécialiste des arts africains pour faire identifier les masques qui se trouvaient dans la malle.

5. **29 et 30** Travaillez vos automatismes.

a. Étonnement.

• J'ai pris une décision.

– Comment ça, tu ne l'avais pas prise !

• J'ai annoncé que je partais en vacances.

– Alors, ... !

• J'ai fait la réservation.

– Donc, ... !

• J'ai oublié de noter le numéro de la réservation.

– Comment ! Tu .... !

• J'ai prévenu que nous n'arriverons que demain.

– Comme ça, ... !

b. Vous avez tout fait !

• Passer voir récemment les grands-parents

J'y suis passé récemment.

• Venir quelquefois au magasin

....

• Aller il n'y a pas très longtemps chez le médecin

....

• Penser à l'anniversaire des enfants

....

Travail avec les pages Projet

Vocabulaire

- angoisse (n.f.) ____
appartenance (n.f.) ____
délateur (n.m.) ____
flot (n.m.) ____
fou rire (n.m.) ____
fraudeur (n.m.) ____
possession (n.f.) ____
surveillance (n.f.) ____
tas (n.m.) ____
- atroce (adj.) ____
inaudible (adj.) ____
infernal (adj.) ____
infiltré (adj.) ____
répertorié (adj.) ____
terrifiant (adj.) ____
- arracher (v.) ____
avérer (s') (v.) ____
éparpiller (s') (v.) ____
tordre (se) (v.) ____
traquer (v.) ____

Vérifiez votre compréhension

1. Dans chaque article, retrouvez les caractérisations. Complétez par les mots en italique.

a. « Un souvenir... » (p. 102)

catastrophique – affreux – tant

un souvenir ____ / son scénario était ____ / je riais ____ que je ne pouvais plus conduire.

b. « Un cauchemar » (p. 103)

en abondance – en sueur – seul – silencieux – terreur – terrorisé

un rêve de ____ / j'étais ____ / des voix se croisaient ____ / je me sentais ____ / du sang coulait ____ / je me réveillais ____.

c. « Souriez, vous êtes surveillés » (p. 104)

espionné – fourni – idéologique – inquiétant – mouchard – moral – noté – total – tranquillisant

le temps de la surveillance ____ est venue / nos ordinateurs sont ____ / nos téléphones portables sont des ____ / toutes nos dépenses de santé sont ____ / c'est certes ____ mais cela peut s'avérer ____ / la panoplie high-tech est si ____ que son utilisation pose un tas de questions ____ et ____.

Parlez

2. Se rappeler ou se souvenir : complétez.

a. Je **me souviens** du passage à l'an 2000.

b. Je ____ le bug informatique.

c. Je ____ de la finale de la Coupe du Monde et je ____ les buts de Zidane.

d. Je ____ de mon séjour en Australie et je ____ les journées de plongée au large de la Grande Barrière de corail.

e. Je ____ du passage à l'euro et je ____ le dernier jour du franc.

f. Je ____ du premier vol de l'Airbus 380 et je ____ l'émotion au décollage.

3. Commencez la phrase par les mots entre parenthèses.

a. Il y a trop de contrôles. (*Je ne pense pas*)

b. La crise économique va durer. (*Je pense*)

c. On doit mieux contrôler les marchés financiers. (*C'est nécessaire*)

d. La prise de conscience écologique n'est pas suffisante. (*Il ne me semble pas*)

e. Des progrès sont faits. (*Il n'en reste pas moins que*)

f. Les industriels ne sont pas prêts à investir massivement dans des technologies propres. (*Je ne crois pourtant pas que*)

Écoutez

4. 31 Écoutez le document sonore « Au rendez-vous des entrepreneurs » et répondez aux questions.

a. Vous venez d'entendre :

☐ un entretien d'embauche ☐ une conversation entre deux amies ☐ une interview

b. La scène se passe :

☐ dans un bureau ☐ à la radio ☐ dans un café

c. Classez les motivations d'Élisabeth Lafargue pour créer son entreprise :

...... la nécessité ...... le défi ...... la vocation

d. Quelle est la raison principale d'Élisabeth Lafargue ?

e. Comment s'appelle l'entreprise ?

f. Quelle est la caractéristique des produits que distribue cette société ?

g. Quelles sont les valeurs que défend Élisabeth Lafargue ?

h. L'entreprise est-elle rentable ? Quelles sont les données qui justifient votre réponse ?

5. Relisez le texte sur les « Usage des noms et des prénoms » (p. 105) et dites si ces affirmations sont vraies ou fausses.

	Vrai	Faux
a. On déclare la naissance d'un enfant à la mairie.	☐	☐
b. Un enfant peut porter indifféremment le nom du père ou de la mère.	☐	☐
c. Une femme garde son nom de jeune fille sur ses documents.	☐	☐
d. On distingue pour les femmes mariées le nom du conjoint et le nom de jeune fille.	☐	☐
e. Parmi les noms d'origine étrangère, Garcia est l'un des dix noms les plus portés en France.	☐	☐
f. On ne peut donner qu'un seul prénom à un enfant.	☐	☐

Analysez

6. « La mémoire des autres » : lisez le témoignage de Michel Serrault qui parle de son métier d'acteur et répondez aux questions.

LA MÉMOIRE DES AUTRES

Souvent quand je commence à aborder un rôle, des choses venues de je ne sais où remontent à la surface. Où ai-je vu cela ? Je ne m'en souviens pas toujours. Je reste rarement passif devant les gens et les choses. Je prends le temps de regarder, de m'arrêter, de m'enrichir sans but précis au moment où je le fais. Et ce temps passé avec des gens au destin extraordinaire ou parfaitement banal devient un trésor englouti au fond de moi dans lequel je puise régulièrement quelques pépites.

Parfois, cela tient de la récupération et du recyclage. Ainsi, pour Dominici, j'ai retrouvé deux situations étonnantes, revenues à ma mémoire subitement, à la faveur du tournage. Je me suis souvenu d'une rencontre avec Pierre Fresnay, immense comédien, qui avait tendance à apprécier le vin en toute occasion. « Prenez du vin, mon cher Michel », me dit-il en vidant une énième bouteille. « Mais quand vous buvez du vin en fin d'après-midi, prenez toujours un peu de pain avec... », et il sort une tranche de pain qu'il trempe abondamment dans le pinard. Allez savoir pourquoi cette scène absurde m'avait fait rire intérieurement et m'a marqué aujourd'hui. Je l'ai ressuscitée l'autre jour dans la bouche de Dominici. Un journaliste vient le voir dans la cuisine de la ferme. Et Dominici se met à lui offrir du vin rouge en plein après-midi, avec du pain.

« Voyez, mon ami, quand vous prenez du rouge en plein après-midi... toujours un petit peu de pain ! »

Autre souvenir, celui de l'ancien gardien de ma propriété du Perche qui a pris un jour l'initiative d'inscrire son fils de dix-huit ans à l'école de police. Autorité du père sur le fils à peine au courant de ce qui allait être son avenir. Je l'ai replacé dans les dialogues de Dominici. Il interroge un jeune enquêteur sur un ton de reproche :

« Tu es gendarme, toi ? »

Et l'autre confus :

« Oui, c'est mon père qui m'a inscrit... »

Pour être comédien, il faut avoir aussi la mémoire des autres.

Michel Serrault, *Les Pieds dans le plat*, Oh ! Éditions, 2004.

a. Où Michel Serrault trouve-t-il son inspiration quand il joue ? Justifiez le titre du témoignage.

b. Quelle situation vécue avec le comédien Pierre Fresnay Michel Serrault a-t-il utilisé dans le film *L'Affaire Dominici* ?

c. D'où vient le dialogue entre Dominici et le jeune enquêteur :

« Tu es gendarme, toi ?

– Oui, c'est mon père qui m'a inscrit. »

Motivez-les !

Vous allez apprendre à :

- ☑ exprimer un besoin, une volonté, un but
- ☑ argumenter (défendre une cause, un but)
- ☑ maîtriser le subjonctif dans l'expression de la volonté et de la nécessité

Travail avec les pages Interactions

Vocabulaire

• acharnement (n.m.) ....
dysfonctionnement (n.m.) ....
perpétuation (n.f.) ....
redoublement (n.m.) ....
• assorti (adj.) ....
culpabilisateur (adj.) ....
improductif (adj.) ....
laxiste (adj.) ....
• avaler (v.) ....
digérer (v.) ....
frôler (v.) ....
mettre à part (v.) ....
résoudre (v.) ....

1. Vérifiez votre compréhension : relisez les articles pages 106 et 107 du Livre de l'élève. Retrouvez quel article parle :

a. du problème de l'autorité → ....

b. de l'évaluation des élèves → ....

c. des élèves en difficulté → ....

2. Retrouvez dans les articles les expressions suivantes et dites à quoi elles se rapportent.

a. c'est le plus grand dysfonctionnement de notre système éducatif

→ ....

b. il est dangereux psychologiquement et il reste souvent improductif

→ ....

c. il tient à la perpétuation d'une mentalité culpabilisatrice

→ ....

d. le succès de la pétition électronique témoigne de la colère et du désarroi des enseignants après l'événement

→ ....

3. Retrouvez dans les trois articles à quoi se rapportent ces chiffres.

a. 5/20 → ....

b. 3 % → ....

c. 50 % → ....

d. 49 → ....

e. 15 000 → ....

4. À propos de quoi cite-t-on les pays suivants :

a. Italie, Grèce, Canada, États-Unis : ……

b. Finlande : ……

5. Retrouvez dans les trois articles tous les mots qui peuvent être associés à l'idée de mauvais fonctionnement.

……

6. Caractérisez-les avec un adjectif de la liste.

Dangereux – difficile – dramatique – improductif – laxiste.

a. Le professeur n'est pas sévère. → ……

b. La méthode ne donne pas de bons résultats. → ……

c. Cet élève n'obéit jamais. → ……

d. Dans les cours de récréation, il faut interdire certains jeux. → ……

e. L'école du village va être fermée. La situation est grave. → ……

7. Caractérisez leur sentiment par un adjectif.

Grand – froid – vif – actif – aveugle.

a. Il n'a pas manifesté sa colère. → une colère ……

b. À la mort de sa compagne, il s'est retrouvé perdu. → un …… désarroi

c. Il fait confiance à tout le monde. → une confiance ……

d. Dans ce quartier défavorisé, tous les habitants s'entraident et sont solidaires. → une solidarité ……

e. Elle a été très émue par la déclaration d'amour de Thomas. → une …… émotion

8. Dites si c'est une qualité (Q) ou un défaut (D).

a. doué → ……
b. paresseux → ……
c. travailleur → ……
d. attentif → ……
e. indiscipliné → ……
f. effacé → ……
g. distrait → ……
h. brillant → ……
i. passif → ……

9. Complétez.

Injuste – répréhensible – partial – condamnable – critiquable.

a. Le juge n'écoute que ce qu'il veut entendre : c'est un juge ……, son choix est …… .

b. Il prend des décisions …… .

c. Ses procédés pour obtenir des aveux sont …… .

d. Même si le comportement de l'accusé est …… .

Travail avec les pages Ressources

Vocabulaire

• insalubre (adj.) .... sinistre (adj.) .... • faire défaut (loc. verb.) ....

1. « Quartiers en situation difficile » : lisez le texte et distinguez existence, manque, besoin.

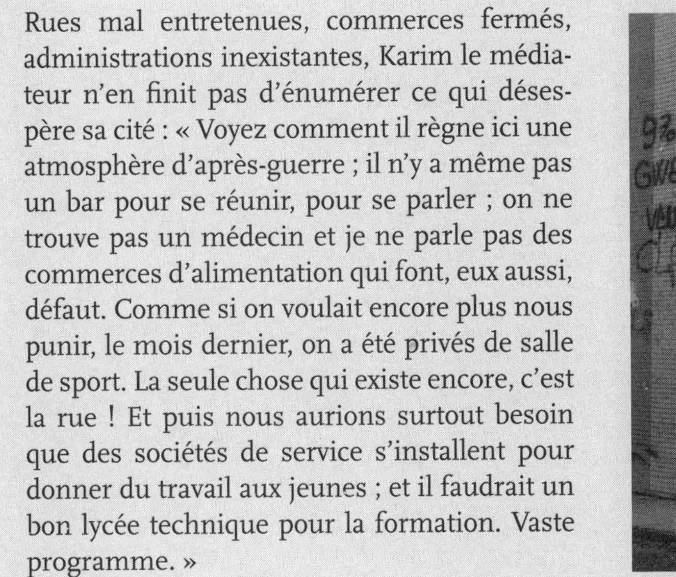

Rues mal entretenues, commerces fermés, administrations inexistantes, Karim le médiateur n'en finit pas d'énumérer ce qui désespère sa cité : « Voyez comment il règne ici une atmosphère d'après-guerre ; il n'y a même pas un bar pour se réunir, pour se parler ; on ne trouve pas un médecin et je ne parle pas des commerces d'alimentation qui font, eux aussi, défaut. Comme si on voulait encore plus nous punir, le mois dernier, on a été privés de salle de sport. La seule chose qui existe encore, c'est la rue ! Et puis nous aurions surtout besoin que des sociétés de service s'installent pour donner du travail aux jeunes ; et il faudrait un bon lycée technique pour la formation. Vaste programme. »

a. Existence : ....

b. Manque : ....

c. Besoin : ....

2. Expression du besoin : faites l'exercice à l'aide du tableau de la page 108 du Livre de l'élève.

Tu vas faire les courses ? Ça tombe bien, je n'ai plus rien !

a. .... de pain,

b. .... que tu passes au supermarché : voilà la liste.

c. Il est aussi .... que tu ailles chez le pharmacien : c'est le moment de renouveler mon ordonnance.

d. La situation étant tragique, elle .... que tu m'achètes du pain (bio), ce qui signifie qu'il est .... que tu ailles jusqu'à la boutique bio.

e. Enfin notre confort .... que tu retires de l'argent au distributeur.

3. Situation désespérée : expression du manque. Aidez-vous du tableau page 108.

Aidez-nous ! Notre pays .... de tout. Nous .... nourrir la population. Nous .... de toute aide musicale. Les points d'eau potable .... Il .... de moyens de communication.

4. Exprimez la demande.

a. Le travail doit être terminé avant la fin de la semaine. (*exiger*)

b. Vous avez envie de rester à la maison avec votre ami(e). (*suggérer*)

c. Votre assistante doit obtenir un rendez-vous avec votre banquier avant la fin de la semaine. (*tenir à*)

d. Vous demandez au service étudiant de l'université de vous envoyer un certificat. (*prier*)

e. Racontez que vous avez demandé à Olivier de vous rendre les livres que vous lui avez prêtés. (*réclamer*)

5. 32 **Travaillez vos automatismes.**

Hygiène de vie

- Tu dois faire deux heures de sport par semaine. (*exiger*)
- Tu dois surveiller ton régime alimentaire. (*suggérer*)
- Tu dois arrêter de fumer. (*tenir à*)
- Tu dois te coucher tôt. (*souhaiter*)
- Tu dois aller voir ton médecin régulièrement. (*vouloir*)

Travail avec les pages Projet

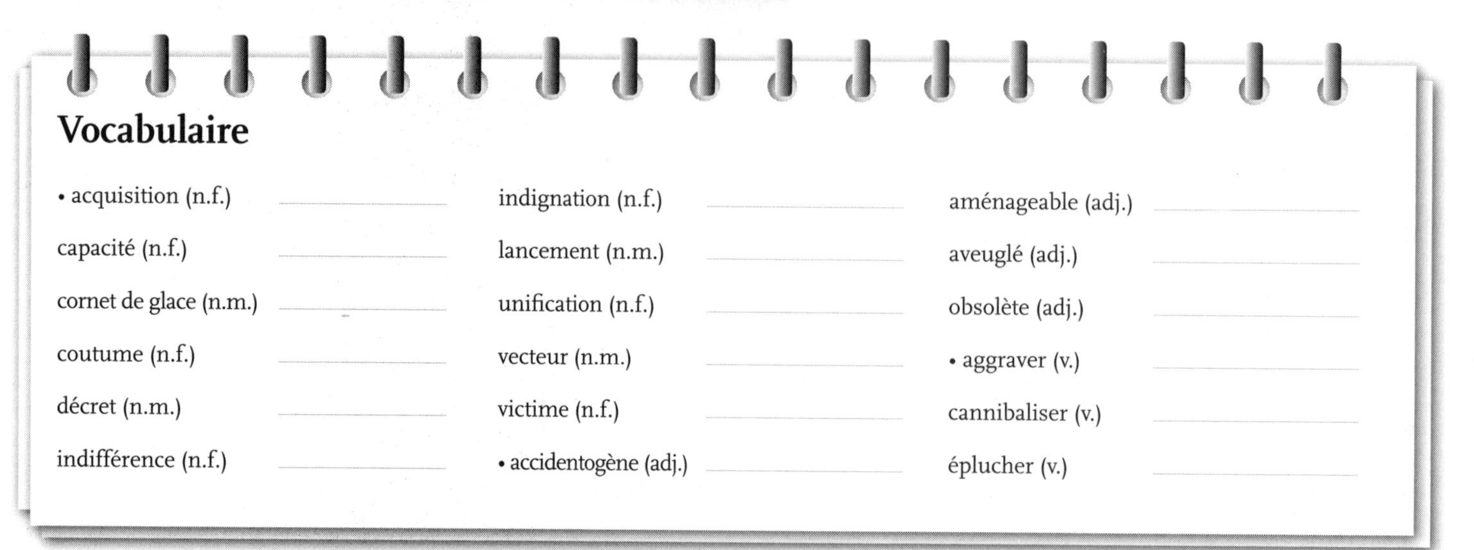

Vocabulaire

- acquisition (n.f.)
capacité (n.f.)
cornet de glace (n.m.)
coutume (n.f.)
décret (n.m.)
indifférence (n.f.)
indignation (n.f.)
lancement (n.m.)
unification (n.f.)
vecteur (n.m.)
victime (n.f.)
- accidentogène (adj.)
aménageable (adj.)
aveuglé (adj.)
obsolète (adj.)
- aggraver (v.)
cannibaliser (v.)
éplucher (v.)

Vérifiez votre compréhension

1. Lisez les quatre nouvelles brèves (p. 110) et complétez le tableau.

	1	2	3	4
Quelle est la nouvelle qui entraîne des réactions ?				
Qui réagit ?				
Pourquoi ?				

2. Donnez le but de chacune des associations. Aidez-vous de ces verbes : *promouvoir, agir, défendre, faire respecter.*

a. Langues régionales : ……………………

b. Syndicat : ……………………

c. Associations écologiques : ……………………

d. Festival Infr'Action : ……………………

Parlez

3. 33 Associations : formulez leur déclaration d'intention.

Nous agirons :

a. pour que (*préservation de nos intérêts*)

……………………

b. afin que (*aboutissement du projet*)

……………………

c. de sorte que (*reconnaissance de l'association*)

……………………

Nous voulons faire en sorte que :

d. (*le respect de la démocratie locale*)

……………………

e. (*l'écoute de la population*)

……………………

Écoutez

4. 34 Écoutez le document sonore « C'est pour un sondage... » et répondez aux questions.

a. Ce dialogue est :

☐ une émission de radio ☐ un sondage ☐ une conversation téléphonique

b. Ce sondage porte sur :

☐ l'augmentation des impôts ☐ la rénovation d'une place ☐ la construction d'une ligne de bus

c. L' interviewé a :

☐ le temps de répondre ☐ peu de temps pour répondre ☐ tout son temps pour répondre

d. Le sondage a lieu :

☐ avant les travaux ☐ après les travaux ☐ pendant les travaux

e. L'interviewé :

☐ est content des travaux ☐ juge que ce n'était pas indispensable ☐ n'a pas d'opinion

f. L'interviewé :

☐ trouve que l'écologie coûte cher en impôt

☐ regrette que ce soit surtout les commerçants qui en profitent

☐ pense que c'est un luxe inutile

g. L'interviewé a l'impression :

☐ que la place a retrouvé son unité ☐ que la perspective a été détruite ☐ que la station de bus est moins pratique que l'ancienne

Analysez

5. Dans le forum de la page 111, retrouvez qui :

a. craint que l'inscription des langues régionales dans la Constitution n'entraîne des inégalités : ……………………

b. pense qu'il est inutile de conserver le patrimoine linguistique : ……………………

c. objecte que cela va renforcer une grande langue de communication : ……………………

d. a peur que faire vivre les langues régionales ne peut se faire que contre le français : ……………………

e. déclare que les langues régionales ne sont pas un atout pour trouver du travail : ……………………

6. Lisez le document « École : un doigt de timidité » et retrouvez les informations contenues dans le texte.

ÉCOLE : UN DOIGT DE TIMIDITÉ

Demander aux élèves de lever la main pénaliserait les plus timorés, selon une étude britannique. « Trop simpliste », rétorquent les enseignants.

Au Royaume-Uni, les enseignants sont priés de renoncer à une habitude vieille comme l'école ; il leur est vivement conseillé de ne plus demander à leurs élèves de lever la main pour répondre à une question. Cette pratique pourrait nuire aux résultats scolaires des enfants les plus timorés, selon une étude menée dans 39 établissements à la demande du gouvernement.

C'est entre 7 et 11 ans que certains, à force d'effacement, perdraient pied – les garçons en anglais, les filles en maths. Aussi est-il suggéré aux enseignants d'adopter d'autres stratagèmes : interroger directement un élève ; laisser trente secondes de réflexion aux enfants ou les inviter à discuter deux à deux avant de donner une réponse. « *Nous devons nous assurer que nul n'est laissé sur le bord de la route, des plus doués et talentueux qui occupent les premiers rangs, aux plus discrets, installés au fond de la classe et passés maîtres dans l'art d'échapper au regard de leur professeur* », a commenté le ministre de l'Éducation, Alan Johnson.

Les enseignants sont perplexes. « *Nous savons que certains élèves lèvent souvent le doigt, d'autres jamais,* souligne Adrian Clarke, qui enseigne le droit, l'anglais et l'éducation civique dans un collège du comté d'Essex. *Et c'est justement notre travail quotidien de faire participer l'ensemble de la classe, en utilisant les moyens à notre disposition.* »

Rien de nouveau sous le soleil, estime le NASUWT, premier syndicat d'enseignants du Royaume. Son secrétaire général, Chris Keates, voit dans les recommandations gouvernementales la confirmation de « *l'efficacité des stratégies déployées chaque jour* » dans les salles de classe du pays. Ni plus ni moins.

Anne Vidalie, *L'Express*, 21/06/2007.

a. Lisez le titre et le chapeau. Dites quel est le problème.

b. Retrouvez dans l'article de quelle étude il s'agit.

c. Lisez et notez la première phrase de chacun des trois paragraphes ; résumez le texte.

d. Repérez les témoignages entre guillemets (« »). Notez-les. Quelles opinions expriment-ils et qui expriment ces opinions ?

Exprimez-vous

7. Philippe a assisté à un débat sur l'attitude des jeunes Français face à l'école. Voici ses notes. Rédigez-les sous la forme d'un essai.

Question : pourquoi les jeunes n'ont-ils plus confiance dans l'école ?

1. Que disent les sondages ?
- plus de la moitié des jeunes démotivés à l'école
- mais les trois quarts gardent le moral
- et, contradiction, 60 % se perçoivent comme une génération sacrifiée

2. Autrefois école = réussite professionnelle, assurance de trouver un travail

3. Aujourd'hui : école coupée de la réalité
on fait des choses inutiles
enseignants qui n'ont pas le moral et sont découragés

4. Diplômes dévalués qui ne garantissent pas de trouver un travail
- 50 % pensent qu'ils n'ont plus de valeur
- 35 % trouvent qu'ils sont encore utiles
- Inquiétude parce que le chômage des jeunes reste élevé (20 %) y compris chez les jeunes diplômés (10 %)

Conclusion : des jeunes lucides ; urgence de traiter la question du chômage ; mais aussi réformer l'école (plus proche des réalités du travail, plus pratique, plus professionnelle) ; redonner confiance aux enseignants.

Restez en forme !

Vous allez apprendre à :

- ☑ exprimer la cause et la conséquence
- ☑ décrire un problème de santé
- ☑ rédiger d'après des notes un document informatif

Travail avec les pages Interactions

Vocabulaire

• crampe (n.f.) ____
concentration (n.f.) ____
démangeaison (n.f.) ____
figuier (n.m.) ____
gonflement (n.m.) ____
manie (n.f.) ____
piqûre (n.f.) ____
somme (n.f.) ____
vernis (n.m.) ____
verrue (n.f.) ____
vigilance (n.f.) ____
virus (n.m.) ____
vitamine (n.f.) ____
• détestable (adj.) ____
mauvais (adj.) ____
• assoupir (s') (v.) ____
délasser (v.) ____
évacuer (v.) ____
rentabiliser (v.) ____

1. Vérifiez votre compréhension du forum santé (p. 114 du Livre de l'élève).

a. Attribuez à chacun son mal :

Jessica : **des crampes**
Max : ____
Marie : ____
Mélimélo : ____

b. Causes et conséquences :

– Qu'est-ce qui a pour effet de stimuler la circulation ? ____
– Qu'est-ce qui est la cause des verrues ? ____
– Que provoquent les piqûres d'abeilles ? ____
– Quel est l'effet des vernis amers ? ____

2. Faire un régime : donnez des conseils.

Alterner – bannir – boire – oublier – préférer.

a. ____ beaucoup d'eau.
b. ____ les desserts et le sucre.
c. ____ les fruits et les légumes.
d. ____ le poisson et la viande grillée.
e. ____ l'alcool.

3. Vrai ou faux ?

	Vrai	Faux
a. il se sent mal = il ne sent pas bon	☐	☐
b. ça ne me fait pas mal = c'est indolore	☐	☐
c. j'ai très mal = je souffre beaucoup	☐	☐
d. elle s'est fait mal = on lui a fait mal	☐	☐
e. il a mal = il est mal	☐	☐

4. À quel sentiment est associé chacun de ces symptômes ?

Rancune – orgueil – générosité – peine – tristesse.

a. j'ai des bleus à l'âme → ....

b. j'ai le cœur qui saigne → ....

c. elle a une dent contre lui → ....

d. il a les chevilles qui enflent → ....

e. elle a le cœur sur la main → ....

Travail avec les pages Ressources

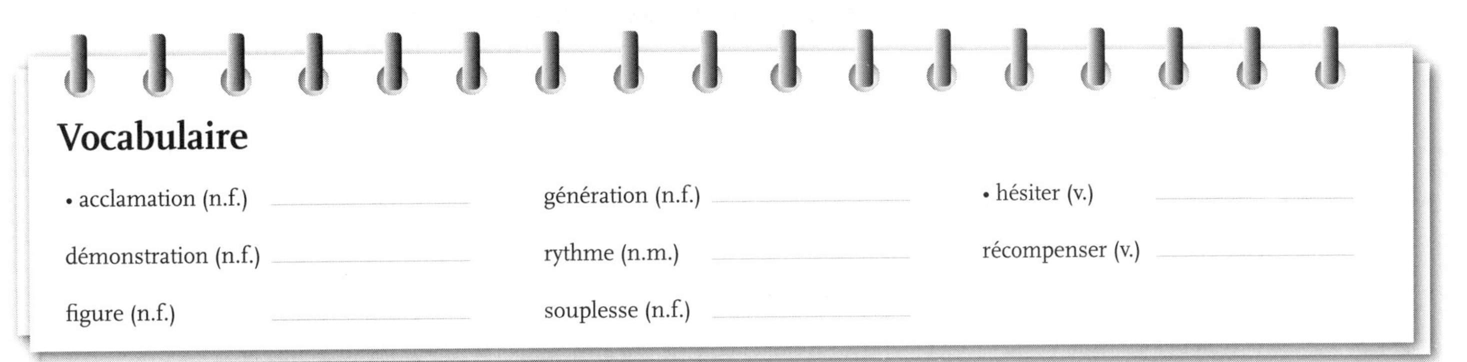

Vocabulaire

- • acclamation (n.f.) ....
- démonstration (n.f.) ....
- figure (n.f.) ....
- génération (n.f.) ....
- rythme (n.m.) ....
- souplesse (n.f.) ....
- • hésiter (v.) ....
- récompenser (v.) ....

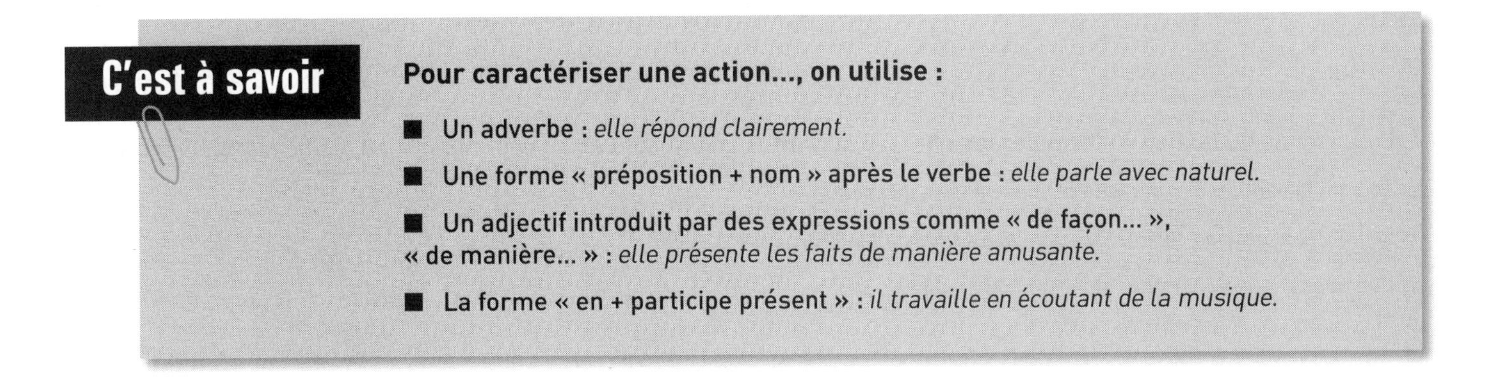

C'est à savoir

Pour caractériser une action..., on utilise :

- **Un adverbe :** *elle répond clairement.*
- **Une forme « préposition + nom » après le verbe :** *elle parle avec naturel.*
- **Un adjectif introduit par des expressions comme « de façon... », « de manière... » :** *elle présente les faits de manière amusante.*
- **La forme « en + participe présent » :** *il travaille en écoutant de la musique.*

1. Remplacez l'expression soulignée par un adverbe en *-ment* :

a. Il se déplace avec rapidité : ______________________

b. Elle marche avec souplesse : ______________________

c. Elle court de façon régulière : ______________________

d. Elle fréquente la salle de sport avec assiduité : ______________________

e. Il évolue avec lenteur : ______________________

2. Comme dans une lettre... Construisez des propositions participes.

a. Je me tiens à votre disposition ; je vous prie de croire en mes meilleurs sentiments.

→ *En me tenant à votre disposition, je vous prie...*

d. Je vous assure de mon parfait dévouement ; je vous prie d'accepter mes meilleures salutations.

→ ______________________________________

c. Je vous laisse libre de votre décision ; je me permets toutefois d'insister sur un fait.

→ ______________________________________

d. J'espère pouvoir rejoindre votre équipe ; je vous prie de croire à ma haute considération.

→ ______________________________________

e. Je vous renouvelle mes remerciements pour vos encouragements ; je reste à l'écoute de vos suggestions.

→ ______________________________________

3. Comme dans un guide touristique : construisez des propositions participes ; reliez les deux phrases.

La Chapelle royale a été construite au XVIe siècle ; elle reflète un gothique tardif.

→ *Construite au XVIe siècle, la Chapelle royale reflète un gothique tardif.*

Le Palais a été habité par la même famille depuis trois siècles ; il conserve tout son mobilier.

→ ______________________________________

La cathédrale a été restaurée récemment ; elle dévoile une profusion baroque d'anges dorés.

→ ______________________________________

Le Dôme a été détruit à la suite du tremblement de terre ; il vient seulement d'être restauré.

→ ______________________________________

La ville a été affectée de profondes transformations ; elle a cependant su protéger son patrimoine.

→ ______________________________________

4. Les risques du métier. Reformulez les phrases suivantes en utilisant : *bien que, comme, en même temps, grâce à, si.*

a. Tout en faisant du cinéma, elle continue à faire du théâtre.

→ *Bien qu'elle fasse du cinéma, elle continue à faire du théâtre.*

b. Elle gagne un peu d'argent en faisant du doublage.

→ ______________________________________

c. Mais tout en ayant peu de temps, elle réussit quand même à passer des auditions.

→ ______________________________________

d. En se dispersant trop, elle risque de passer pour instable.

→ ______________________________________

e. En se concentrant de nouveau sur quelques propositions, elle réussira.

→ ……………………………………

f. Tout en travaillant beaucoup, elle s'occupe de ses enfants.

→ ……………………………………

Travail avec les pages Simulation

Vocabulaire

- • abus (n.m.) ……………
- angine (n.f.) ……………
- appendicite (n.f.) ……………
- artère (n.f.) ……………
- asthme (n.m.) ……………
- cardiologue (n.m./f.) ……………
- colonne vertébrale (n.f.) ……………
- convalescence (n.f.) ……………
- côte (n.f.) ……………
- dentiste (n.m./f.) ……………
- dermatologue (n.m./f.) ……………
- douleur (n.f.) ……………
- échographie (n.f.) ……………
- équité (n.f.) ……………
- éventail (n.m.) ……………
- fièvre (n.f.) ……………
- grippe (n.f.) ……………
- gynécologue (n.m./f.) ……………
- homéopathie (n.f.) ……………
- infarctus (n.m.) ……………
- intoxication (n.f.) ……………
- nausée (n.f.) ……………
- nerf (n.m.) ……………
- opération (n.f.) ……………
- ophtalmologue (n.m./f.) ……………
- orthophoniste (n.m./f.) ……………
- ostéopathe (n.m./f/) ……………
- pansement (n.m.) ……………
- pédiatre (n.m./f.) ……………
- pépin (n.m.) ……………
- précepte (n.m.) ……………
- psychiatre (n.m./f.) ……………
- psychothérapie (n.f.) ……………
- radiologue (n.m./f.) ……………
- rhumatologue (n.m./.f.) ……………
- rhume (n.m.) ……………
- tempe (n.f.) ……………
- tension (n.f.) ……………
- toubib (n.m.) ……………
- ulcère (n.m.) ……………
- urgence (n.f.) ……………
- urticaire (n.f.) ……………
- • bourré (adj.) ……………
- cardiaque (adj.) ……………
- • ausculter (v.) ……………
- dénicher (v.) ……………
- désinfecter (v.) ……………
- dissuader (v.) ……………
- évanouir (s') (v.) ……………
- froncer (v.) ……………
- gratter (se) (v.) ……………
- optimiser (v.) ……………
- ronger (se) (v.) ……………
- • sainement (adv.) ……………

Vérifiez votre compréhension

1. Regardez les exercices 2 et 3 du livre (p. 118) et regroupez les mots qui évoquent :

a. la tête : ....

b. les membres : ....

c. les organes : ....

d. le squelette : ....

2. Lisez le texte sur le feng shui (p. 120) et dites si ces affirmations sont vraies ou fausses.

	Vrai	Faux
a. Le feng shui vise à optimiser les énergies qui parcourent notre environnement.	☐	☐
b. Architectes et entreprises suivent les préceptes du feng shui.	☐	☐
c. Dans la construction, l'implantation et l'orientation obéissent à des règles strictes.	☐	☐
d. Il faut éviter de tourner le dos aux portes.	☐	☐
e. Les ondes négatives sont liées aux plantes vertes qui doivent être éliminées.	☐	☐
f. Les mauvaises influences venant du nord, le lit devra être orienté sud-nord.	☐	☐
g. Il faut éloigner l'eau du feu.	☐	☐

Parlez

3. Parler de ses maux : formez des expressions.

a. avoir	une dent
b. souffrir d'	les yeux
c. se casser	une angine
d. se blesser à	le sang
e. se faire opérer de	une dépression
f. faire des analyses de	la main

4. Santé, entreprise, économie : parlez par métaphore. Complétez ces titres.

Un traitement – la fièvre – s'enrhumer – la bonne santé – la fracture – la rechute.

a. **MONNAIE : .... de l'euro**

b. **MARCHÉ : .... des investisseurs**

c. **DÉFICIT : administrer .... de cheval**

d. **INFLATION : un risque de ....**

e. **SOCIÉTÉ : .... sociale**

f. **ÉCONOMIE : la croissance ....**

5. Santé : l'expression des sentiments. Que peuvent-ils dire pour exprimer leur sentiment ?

Il me casse les pieds ! – je suis ulcérée – il m'a blessée – tu me fatigues ! – je ne peux plus le souffrir.

a. Quelqu'un l'énerve : ....

b. Elle est en colère : ....

c. Quelqu'un l'agace : ....

d. Elle ne le supporte plus : ....

e. Elle est humiliée : ....

6. Voici le verbe : trouvez le nom.

a. Casser → une ....

b. Tomber → ....

c. Tordre → ....

d. Blesser → ....

e. Couper → ....

f. Piquer → ....

Écoutez

7. 35 **Écoutez le document sonore « Paris en rollers » et répondez aux questions.**

a. De quel type de document s'agit-il ? ☐ une interview ☐ un flash d'information ☐ un reportage

b. Le document porte sur : ☐ la traversée de Paris par les rollers ☐ les risques d'accidents ☐ la sécurité des rollers

c. Combien sont-ils à pratiquer le roller ? ☐ 2,5 millions ☐ 13 % de la population française ☐ 10 000

d. Aujourd'hui, le roller est plutôt considéré comme : ☐ un sport ☐ un passe-temps ☐ un mode de vie

e. Le roller comporte des risques de : ☐ collision ☐ chute ☐ accident mortel

f. L'enquête a été faite auprès de : ☐ 40 enfants ☐ 20 enfants ☐ 180 enfants

g. L'enquête sur les risques a révélé que : ☐ 40 enfants portaient des protections aux poignets

☐ 40 enfants ne portaient pas de protections ☐ 40 enfants portaient des protections aux coudes et aux genoux.

Analysez

8. Lisez l'article « Les vrais dangers du portable » (p. 94) en suivant les consignes de lecture ci-dessous.

a. Retrouvez à quoi correspondent ces chiffres :

– 53 millions : ....

– 47 000 : ....

– 300 : ....

– 31 000 : ....

b. Retrouvez dans l'article les ingrédients de la polémique.

....

....

c. Surlignez de couleurs différentes :

– ce qui prouve que les portables sont dangereux ;

– ce qui fait douter de ces accusations ou qui prouve que les portables sont inoffensifs.

d. Comment s'appelle l'enquête lancée par l'OMS dans treize pays européens et sur quoi porte-t-elle ?

e. Relevez les positions des personnalités ou organismes suivants : repérez les noms et les propos rapportés entre guillemets.

– Martine Hours : ....

– Académie de médecine : ....

– Denis Zmirou : ....

– Georges Charpak : ....

LES VRAIS DANGERS DU PORTABLE

La France compte 53 millions de téléphones mobiles, mais aussi 47 000 antennes relais plantées partout sur les immeubles, les pylônes ou les clochers. Ces émetteurs sont chargés d'assurer les liaisons avec le réseau téléphonique. En zone urbaine, on en trouve en moyenne un tous les 300 mètres. Ajoutons les bornes wi-fi (31 000 autorisées, en 2007, dans les lieux publics), les émetteurs de radio FM et de télévision, la CB, les téléphones sans fil d'intérieur, le Bluetooth, les lampes à basse consommation et les lignes à haute tension.

Ce brouillard électromagnétique est-il vraiment toxique ? La question se pose de manière récurrente dans tous les pays depuis près d'une décennie, et elle n'est toujours pas définitivement tranchée. Comme pour les OGM ou le nucléaire, voici même réunis tous les ingrédients de la polémique : des spécialistes divisés ; des militants prêts à dénoncer une menace invisible, mais potentiellement catastrophique ; un lobby industriel soucieux de préserver ses intérêts ; des pouvoirs publics dépassés ou paralysés... Une fois de plus se pose aussi la question du principe de précaution : comment évaluer l'impact d'un phénomène dont on ne connaît pas les effets à long terme ? [...]

Les résultats des recherches épidémiologiques menées sur l'homme demeurent malgré tout ambigus. En 2000, l'Organisation mondiale de la santé (OMS) avait estimé que les mobiles n'entraînaient aucun effet néfaste pour la santé. Reconnaissant des lacunes sur le sujet, l'OMS avait néanmoins lancé, l'année suivante, la plus grande étude jamais réalisée dans 13 pays européens, baptisée « Interphone ». L'objectif était d'interroger, au sujet de leur usage du portable, des personnes atteintes de tumeurs de la tête. Cette enquête a été bouclée en 2006, mais ses résultats définitifs – sujets à débats entre scientifiques des différents pays – n'ont toujours pas été publiés. Martin Hours, médecin épidémiologiste responsable du volet français de l'étude, s'en indigne et lance dans *L'Express* un appel pour que ces informations soient enfin diffusées. En attendant, d'autres études ne manquent pas d'inquiéter. L'une d'elles, rendue publique en Suède en 2007, a pointé un risque « faible mais accru » du gliome (forme de cancer du cerveau) chez les utilisateurs intensifs de portables.

Les sceptiques ne désarment pas pour autant. À commencer par l'Académie de médecine. Le 17 juin, celle-ci s'est fendue d'un communiqué en réaction à l'appel de David Servan-Schreiber. Les académiciens ont vu là « *une opération médiatique* ». Selon eux, les enquêtes disponibles ne montrent pas d'« *excès de risque significatif* ». Pis, le fait d'« *inquiéter l'opinion dans un tel contexte relève de la démagogie* ». Denis Zmirou, chercheur à l'Inserm et ex-directeur scientifique de l'Agence française de sécurité sanitaire de l'environnement et du travail (Afsset), doute quant à lui que les effets biologiques « *remettent en question la survie de la cellule ou du plan de tomate* ». Même ironie du côté du prix Nobel de physique Georges Charpak : « *Ceux qui vont skier reçoivent en deux mois, à cause des rayons cosmiques, la même quantité de radiation que celle tolérée par l'industrie nucléaire. Alors oui, j'ai peur du téléphone portable : j'ai peur de me faire renverser par un type qui téléphone au volant.* »

L'Express, 7/07/2008.

• Compréhension de l'oral

Reportez-vous aux activités des leçons 9 à 12 : « Écoutez le document sonore. »

Page 72, exercice 7 : « À retenir : les bonnes adresses de Malika » ; Page 79, exercice 4 : « Au rendez-vous des entrepreneurs » ; Page 85, exercice 4 : « C'est pour un sondage » ; Page 93, exercice 7 : « Paris en rollers ».

• Compréhension des écrits

Objectif : lire pour s'informer et discuter.

Lisez le texte et répondez aux questions.

Les food trucks font recette...

Les camions restaurants se multiplient partout en France. Au menu et au pied du bureau : du fait maison et pas cher.

Avant, à l'heure où l'on commençait à avoir faim, les employés prenaient le chemin de la cantine, de la brasserie ou de la boulangerie... Mais ça, c'était avant.

Avant que Delphine et Christèle ne transforment un ancien camion de poissonnier en cantine mobile bio et l'appelle d'un joli jeu de mots « Bio comme un camion » ; ça se passait du côté de Montpellier en 2010. Avant que Kristin, Américaine formée à l'école Ferrandi, n'importe le phénomène culinaire du moment : la camionnette kitchenette qui régale les passants à petit prix et bannit fermement la frite congelée.

À peine ouvert, son « Camion qui fume » séduisait les papilles des Parisiens. Après eux, des dizaines d'autres camions se lancent aujourd'hui dans la course aux snacks maison. Et ce n'est pas moins de 33 camions installés dans 24 villes, de Montpellier à Nantes et de Troyes à Annecy qui sont listés sur le site *pouet-pouet.com*, un site malin sur lequel on peut les localiser. Mais quels sont les ingrédients de ce succès foudroyant ?

De la gastronomie au comptoir. Qu'on se le dise, les food trucks sont un repaire de jeunes chefs. Tous, comme le chef étoilé Thierry Marx qui a même ouvert un atelier de cuisine nomade et préside l'association *Street Food*, sont persuadés que l'avenir de la gastronomie passe par la cuisine de rue. Et dans la bouche des jeunes chefs, un seul mot d'ordre : lutter contre la malbouffe. Pouvoir se laisser aller à un burger, certes, mais pas industriel. Proposer comme « La Carriole » à Aix en Provence, des plats cuisinés avec un approvisionnement de saison.

Une addition allégée. Règle d'or du food truck : rester moins cher qu'un restaurant, dans la même gamme de prix qu'une formule de restaurant rapide. Comptez moins de 10 € le repas complet, ou à peine plus pour une carte restreinte mais goûteuse. Pour Geneviève Cazes-Valette, sociologue de l'alimentation et coauteure du *Dictionnaire des cultures alimentaires* (PUF), « *il est possible de faire du frais et du bon pas cher, à condition de savoir où bien s'approvisionner et de fabriquer en grande quantité.* » C'est ainsi que Delphine et Christèle (« Bio comme un camion ») achètent exclusivement des légumes de saison, en font des conserves pour les mettre à leur menu toute l'année.

Une pause ludique et expresse. « *C'est plus rigolo de sortir chercher son repas devant un camion vintage et coloré que d'aller faire la queue à la cantine !* » s'enthousiasme Clarisse, employée de bureau à Lille. Geneviève Cazes-Valette ne dit pas autre chose : « *Les food trucks sont ni plus ni moins comparables au livreur de pain frais ou au charcutier ambulant de campagne.* » Comme avant, ils créent l'animation quand ils arrivent avec d'antiques Estafette comme le « Bus 56 » dans le Morbihan, « La Popote » dans le Var. Mais problème, le succès venu...voici revenu le temps des files d'attente...

D'après Juliette Labaronne
(*Version Femina*)

1. Les informations développées ici viennent :
☐ **a.** D'une étude commandée par l'association Street Food ?
☐ **b.** De l'ouvrage publié par Geneviève Cazes-Valette ?
☐ **c.** D'un article de journal ?

2. Les food trucks proposent :
☐ **a.** de la malbouffe
☐ **b.** de la cuisine qui a du goût
☐ **c.** une cuisine chère

3. Quels sont les trois principes de la cuisine de camion ?
a. ....
b. ....
c. ....

4. À quoi correspondent les chiffres suivants ?
a. 10 : ....
b. 33 : ....
c. 24 : ....

5. Quelle raison donne Clarisse de préférer le camion à la cantine ?
....

6. Retrouvez les deux commentaires de Geneviève Cazes-Valette à propos :
a. du rapport coût/qualité : ....
....
b. du modèle de commerce auquel on peut identifier les food trucks : ....
....

7. Dites si ces affirmations sont vraies ou fausses et justifiez.

	Vrai	Faux
a. Les food trucks sont une nouvelle invasion de la malbouffe.	☐	☐
Justification :		
b. Les food trucks veulent proposer une cuisine de qualité mais moins chère que la restauration rapide.	☐	☐
Justification :		
c. Les food trucks renouent avec le commerce ambulant.	☐	☐
Justification :		

• Production écrite

Vous sollicitez une agence de voyages qui recherche des guides pour accompagner ses voyages à l'étranger ; vous rédigez une lettre de candidature sur le modèle suivant :
– Annoncer le motif de sa lettre
– Se présenter en parlant de ses études, son expérience, ses connaissances
– Parler de sa motivation
– Solliciter un entretien

• Production orale

Vous venez de lire les informations contenues dans l'article « Les food trucks font recette... ». Vous réagissez, vous commentez et vous comparez avec ce qui se passe dans votre pays.